戦下の暮らし

太平洋戦争下の暮らしは食との戦いだった.
婦人雑誌の料理ページから透けて見える
「ぜいたくは敵だ」の時代の食生活事情

再現・戦下のレシピ

麺飯丼《めんはんどんぶり》

米不足を乗りきるための「節米《せつまい》料理」が流行．米の代用食として，主食にお惣菜にと大活躍したのがうどんだった．細かく切って炒めたうどんも，スプーンで食せばチャーハン気分（作り方・35ページ）

いつ空襲警報が鳴ってもいいように、と、携帯非常食用の炒り米が推奨された(作り方・一四三ページ)。戦争末期には茶がらでさえも炊き込みご飯の具に昇格(作り方・一三五ページ)

■茶飯

■炒り米３種

再現・戦下のレシピ

■端午のお節句料理

「大東亜共栄圏建設」のかけ声に乗って，端午の節句のメニューにも勇ましい軍国調の料理が登場した．左から，飛行機メンチボール，軍艦サラダ，鉄兜マッシュ（作り方・25ページ）

■うどんかん

■ぬか入りビスケット

上はうどんを入れて固めた寒天（作り方・107ページ）．下は炒った米ぬかでチョコレートの風味を出したビスケット（作り方・106ページ）

再現・戦下のレシピ

甘味に飢えた子どもたちのための手作りおやつ。不足する食材を補うために、さまざまな工夫が凝らされた。お萩には、もち米の代わりに里芋を加えて、ねばり気を出す（作り方・一〇三ページ）

■里芋お萩

皮も種も食用。決戦食生活には手引きだって必要だ

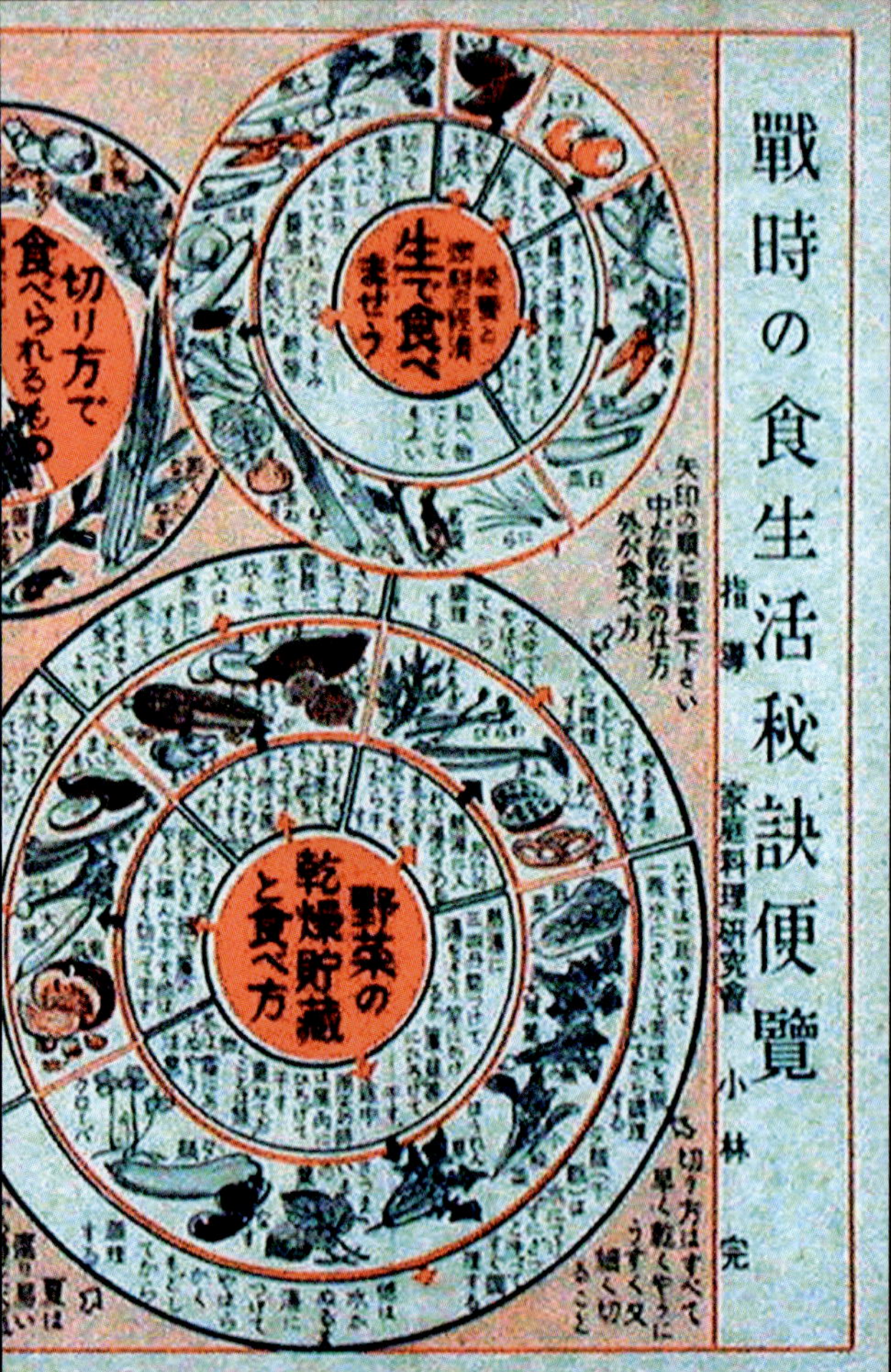

って使える食生活便覧が登場．生食できる素材，火を通す素材，あく抜きが要る素材などを指示（『婦人倶楽部』昭和 19 年 8 月号）

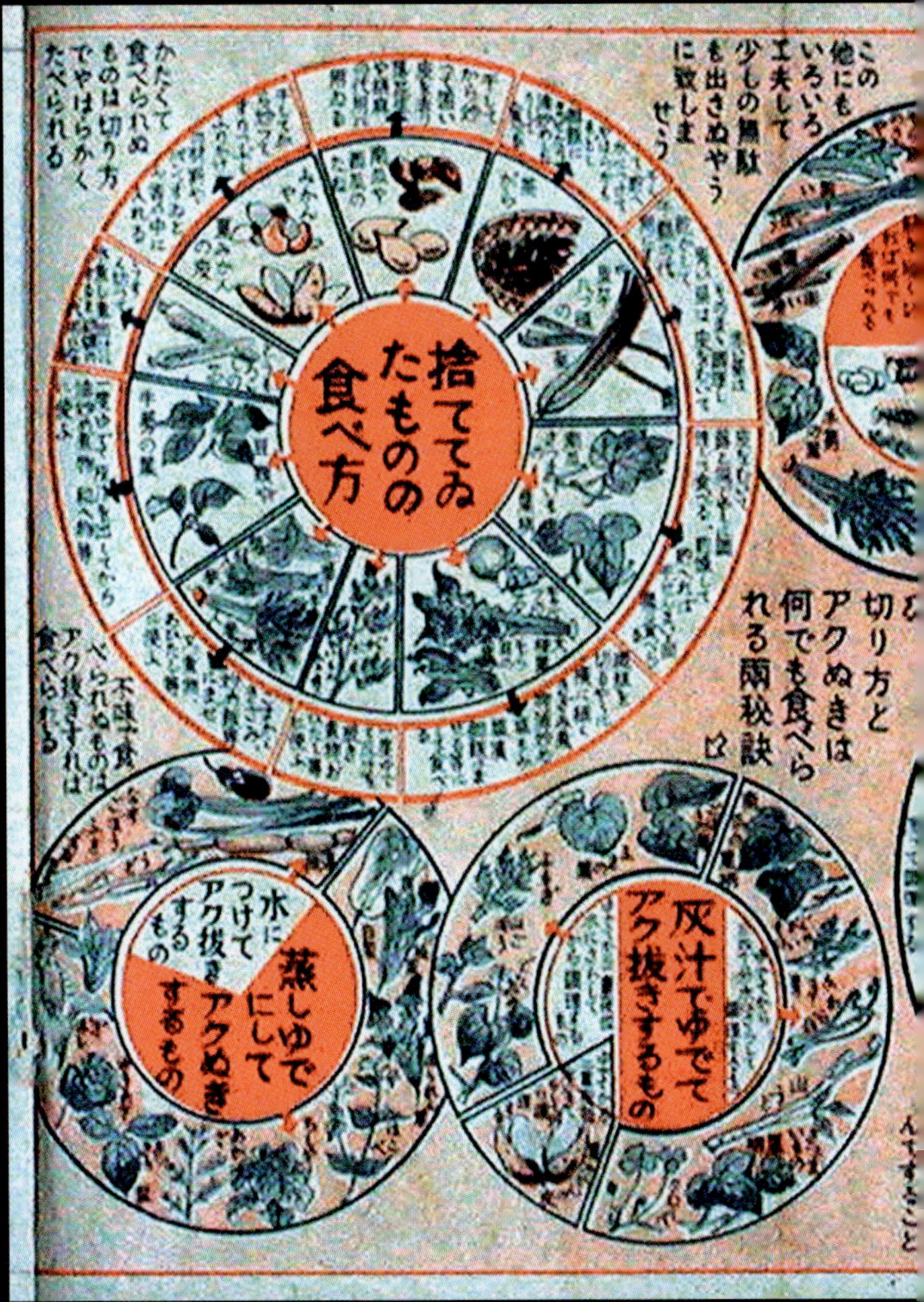

⑨ 少しの栄養も無駄にしないよう，ありとあらゆる廃物利用の必要性が叫ばれた．慣れない野菜の部位を食べるため，婦人雑誌にも台所に張

道端の雑草もイモの蔓《つる》も野菜だった

畑でとれる野菜は貴重品。かぼちゃ、さつまいもは主食クラスの女王様。ふだんの食生活の「野菜」に相当するビタミン源は、道端の雑草や、野菜の葉っぱなどだった。おひたしに、雑炊の具に、漬け物に。黄色く変色した葉や、硬くて食べられない茎も、乾燥させて粉にすれば、ふりかけの材料になる。

■オオバコ／人に踏まれやすい道端や空き地に生える．細かく刻めば，炊き込みご飯や雑炊の実に最適．葉や種子はせき止めの薬にもなる

■カボチャ／葉は味噌汁の実，おひたし，炒め物に．茎は炊き込みご飯，漬け物，煮付けに．茎は甘味があって蕗《ふき》よりおいしいと評判!?

しかし、道端の雑草も、しまいには摘み尽くされて、文字通り「ペンペン草も生えない」状態になったという。

■サツマイモ／葉は雑炊の実，おひたし，漬け物などに．つるは細かく刻んで

■ダイコン／おいしい葉なので，即席漬け，ぬか漬け，塩漬けなどの保存食に

■インゲン／豆の葉はゆでこぼして炒め物などに．さやは乾燥させてふりかけに

■ジャガイモ／青葉と同様に使える葉．ゆでこぼして，おひたしや炒め物に

■タンポポ／道端に生える．ゆでて塩水に浸し，おひたしなどに．花も食用可

■クズ／丘陵や山野に生える．育った茎は木部となるので，葉とつるを食用に

■シロツメクサ／道端や荒れ地に生える．よく洗って味噌汁や雑炊の実に

■ヨモギ／山野や道端に生える．あく抜きしておひたし，和え物，雑炊の実に

■ギシギシ／田畑のあぜ，湿った道端などに生える．おひたしや炊き込みご飯に

■スベリヒユ／道端や畑に生える．ゆでるとぬめりが出る．炒め物やふりかけに

■ドクダミ／平地の日陰や道端に生える．独特の匂いがあるので炒め物や佃煮に

■ユキノシタ／湿った岩の上などに生える．おひたしや雑炊の実に．薬効もある

お釜やおひつはあるけどお米がない

台所の必需品はいつも同じだと思ったら大まちがい。戦争になって出番が増えたものと減ったものがある。米びつは空っぽ。飯びつも出番なし。その代わり急に必要になった道具もある。売っていない道具は、どの家庭でも廃物利用の手作りで乗りきった。

■空き瓶を利用した簡易精米器／1943（昭和18）年から配給の米が玄米になり，ぬかを家庭で取り除く方法が広まった．米を一升瓶に入れて棒でつく．大人が2時間つくと，七分づきくらいになった．

■リュックサック／買い出しの必需品．これを背負って何時間も列車に乗った

■釜／戦争前には白米を炊いていた釜も混ぜご飯用に．炊き増えの方法もいろいろ研究された

■飯びつ／主食も混ぜご飯から雑炊やすいとんに代わり，出番が減った

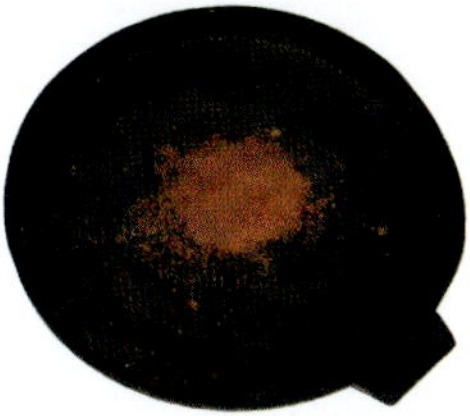

■ほうろく／大豆や生大豆粉など炒る必要のある食材が増え，から炒りの道具が活躍した

■手製のかまど／ガスや炭が自由に使えなくなり，手作りの簡易かまどが流行

■米びつ／戦前の米びつは木製．これがいっぱいになる日を夢にまで見た子どももいる

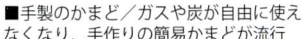

お金だけでは食べ物が買えない

あらゆる生活物資が配給制になった戦下の暮らし。配給切符がなければ食べ物も買えない。この紙きれが命の次に大切だった。

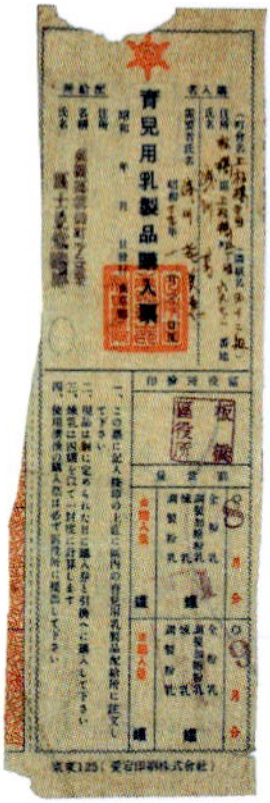
育児用乳製品購入票

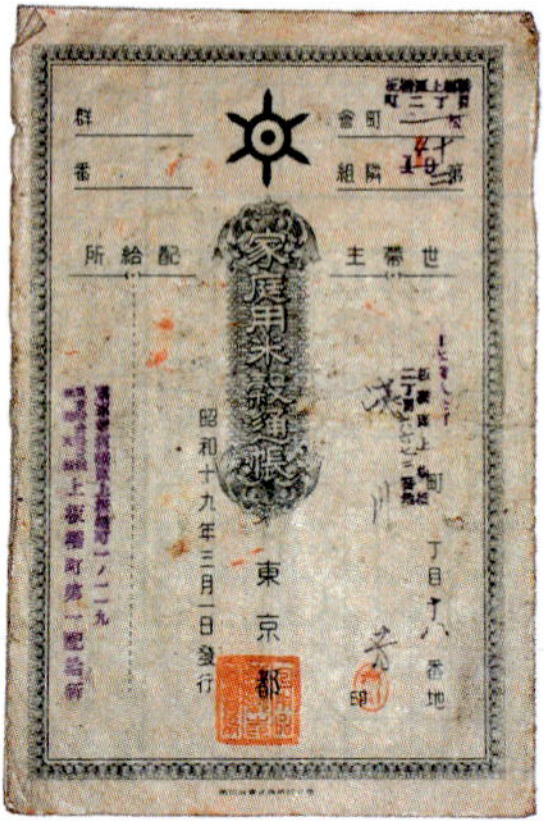
家庭用米穀通帳

家庭用米穀通帳
世帯主
配給所
昭和十九年三月一日發行
東京都

配給切符と呼ばれる品目別の購入票．一人当たりの量が決められ，現金のほかに，このような切符を示して物を買う．米，塩，主食などの重要品は通帳に印鑑を押してもらう方式．紛失したら一巻の終わり．泣くしかなかった

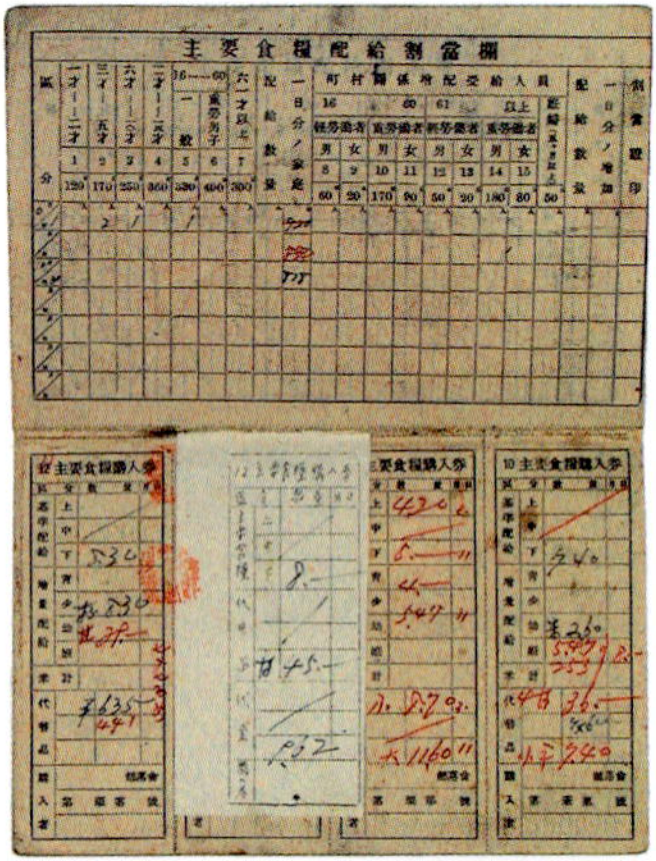
主要食糧購入券

主要食糧配給割當欄
主要食糧購入券

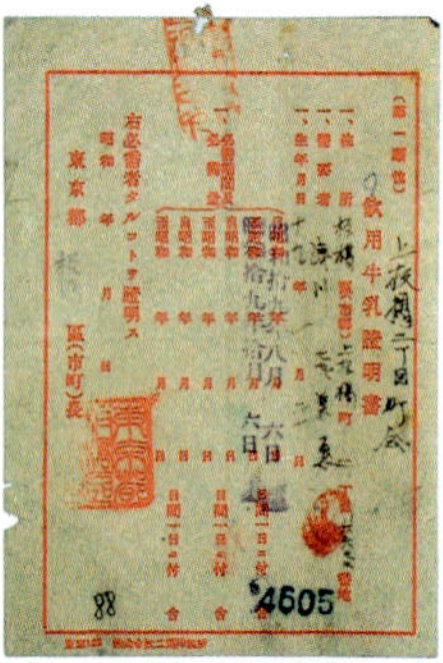
飲用牛乳証明書

飲用牛乳證明書
右必要者タルコトヲ證明ス
東京都
區(市町)長

岩波現代文庫／社会 291

戦下のレシピ

太平洋戦争下の食を知る

斎藤美奈子

岩波書店

はじめに

飽食の国に住む私たちは、食べることが大好きだ。

スーパーマーケットには色とりどりの食材があふれ、デパートの地下食品売り場はいつも大混雑。おいしいと評判の店には行列ができ、町の本屋さんには、料理の本や食べ歩きの本が、見ただけでお腹いっぱいになるくらい並んでいる。世界には飢えている人たちがたくさんいるんだよと教えられても、なかなかピンとこない。

でも、ほんの五十数年前には、日本も「飢えた国」のひとつだった。一九四〇年代の日本には、想像を絶するほど食べ物がなかった。そのころの日本は戦争をしていた。戦争で大勢の人が犠牲になったことは、あなたも知っているだろう。しかし、生き残った人たちも「よく生き残れたな」と思うほど、食べ物がなかったのだ。

この本は、当時の婦人雑誌に載った料理の作り方を通して、そんな戦争中の食の世界へあなたを誘うガイドブックだ。戦前に発行されていた雑誌は、用紙が制限されるなどし、多くが戦争中に休刊や廃刊に追い込まれた。しかし、敗戦の年まで生き残った数少ない婦人雑誌(『婦人之友』『主婦之友』『婦人倶楽部《クラブ》』)は、雨が降ろうと槍が降ろうと爆弾が投下されようと、料理や食の工夫を説き続けた。この本の下段で紹介したレシピ(料理の作り方の記事)は、それらの雑誌の中から選んだものだ。長めの記事は途中を省略したのもあるけれど、表現は当時の記事をそのまま生かしてある。

戦争中の食について、断片的に知っている人は少なくないだろう。米がなかったとか、いもの葉っぱまで食べたとか、すいとんばかり食べていたとかだ。しかし、どんな状況で、なぜいもの葉っぱまで食べたのかまで想像するのはむずかしい。そこでこの本の上段では、戦争で人々の食生活がどう変わっていったかをたどることにした。

ひと口に戦争中の食といっても、地域差は大きいし、不明な点も多い。この本に出てくる食生活はその中のほんの一部にすぎない。それでも、当時の暮らしの一端はつかめるはずだ。いつもあなたが読んでいる料理雑誌やグルメガイドのようなつもりで読んでもらえたらと思う。そして、もし興味を持ったら、実際に作って食べてみてほしい。文字に書かれた情報だけではわからないことが、きっと発見できるだろう。

凡　例——この本のとりきめ

本書に掲載した婦人雑誌の記事については、引用に際して、次のような整理を加えました。

①旧字旧かなは新字新かなに改めたが、送りがなは原文通りとした。

②原文の振りがな、傍点は必要と思われるもののみ残した。

③読みやすさを考慮して、一部の漢字を平がなに改める、句読点を補うなどした。

④尺貫法による数量表記は、以下の基準で換算し、端数を切り捨てた数値を（　）内に示した。

一寸＝三・〇三cm　（例）三寸（九cm）　一勺＝一八cc　（例）三勺（五〇cc）
一分＝三・〇三mm　（例）五分（一・五cm）　一升＝一・八ℓ　（例）二升（三・六ℓ）
一匁＝三・七五g　（例）五〇匁（一八〇g）　一斗＝一八・〇三九ℓ　（例）三斗（五四ℓ）
一合＝一八〇・三cc　（例）三合（五四〇cc）　一石＝約一八〇ℓ　（例）四石（七二〇ℓ）

米の場合、一合＝一五〇g、一石＝一五〇kg。ただし、配給量の史料で換算数値も合わせて示してあるものについては、この限りでない。（例）二合三勺（三三〇g）

⑤野菜名などの一般名詞の表記は雑誌によって異なるが、原則として原文通りとした。

⑥一部、著作権者に連絡が取れていないものがあります。お気づきになりましたら、岩波現代文庫編集部までご連絡いただければ幸いです。

目 次

お世話になった方々

料　理　藤原美佐
撮　影　南都礼子（料理）
　　　　木村義志（植物ほか）
写真提供　昭和館
　　　　毎日新聞社
資料提供　昭和館
編集協力　木村義志
　　　　斎藤真理子
　　　　畑中三応子
取材協力　白石好孝
　　　　川上洋一
　　　　川上きのぶ

1 昭和のモダンな食文化

戦前のレシピ

昭和初期のモダンガール．このころは衣食住の変革期だった

農村の食と都市の食

◆貧しい農村、リッチな都会

戦争中の食について知るためには、戦争になる前の食についても知っておく必要がある。昭和初期の日本の家庭の食卓はどんなふうだったのだろう。

戦前の日本は、いまでは想像もつかないくらい、地域差や貧富の差が激しかった。

貧しかったのは農村だ。米どころでさえ、米だけを主食にしていた農家は少ない。米は小作料として収穫の半分以上を物納させられたし、それ以外の米は現金収入を得るための商品だったからである。よって、大切にとっておいた白米は、年に二、三度、正月やお祭などの特別な日にだけ食べるもの。ふだんの主食は売り物にならない「くず米」に丸麦や押

昭和初期の家庭の食卓

■農村の食事の例

ふだんの食事は、大根のかて飯とおつゆ（味噌汁）、漬物がふつうであるから、そこへ何か一つ余分につけば上等である。それだけに、毎日のかて飯をおいしく炊くことは主婦としての大切な技《わざ》の一つであり、火加減や水加減は心をこめてくふうする。

炊きあがったごはんの上のかてをそっとのけると、白米ごはんが出てくる。まず仏さまに一へらすくいとり、毎日市《いち》へ行く姑の弁当を詰め、残りをよく混ぜておひつに移す。おつゆの実はほとんど季節のものを使うが、冬の間は大根や体菜《たいな》の漬け菜が多い。

（『聞き書　新潟の食事』）

し麦を混ぜた「麦飯」や、野菜やいもや雑穀《ざっこく》を混ぜた「かて飯」だった。おかゆや雑炊《ぞうすい》をよく食べていた地方もあるし、農地の少ない山間部では、あわ、きび、ひえなどの雑穀類や、いもが主食だった地域もある。特に昭和の初期は、東北地方で冷害による米の凶作《きょうさく》が続き、栄養失調の子ども（欠食児童などと呼ばれた）がごまんと出た。戦争中の食生活は悲惨だったというけれど、農村の食生活はもともと悲惨だったのだ。

いっぽう、都市では多彩な食文化が花開きつつあった。主食はもちろん、お米屋さんが届けてくれる白米。朝はパンとコーヒーでというご家庭もあり、ライスカレーはとっくに家庭の定番メニュー。コロッケ、フライ、ハンバーグ、ロールキャベツ、シチュー、オムレツなども普及しはじめ、町なかの洋食

■都市の食事の例

婦人雑誌には、トンカツ、コロッケ、ライスカレーにはじまり、牛肉のバター焼き、ハンバーグ、ロールキャベツ、そして豚肉のしょうが焼き等々のつくり方がていねいに書かれている。

料理記事を参考にしながら、いくつかの料理はつくってみるものの、そのとおりではなく、自分流に味をつけてしまうこともある。

トンカツ、コロッケなどは家で揚げずに、近くの肉屋から揚げたてを買い求めて、せん切りのキャベツをたっぷり添えていただいている。

（『聞き書　東京の食事』）

レストランやデパートの食堂が人気を集めていた。

下段に示したのは一九三九(昭和一四)年、すでに戦争がはじまってからのレシピだが、このころはまだ余裕があり、それまでと変わらず、バラエティに富んだメニューが婦人雑誌の誌面を飾っている。日本料理の老舗《しにせ》・八百善《やおぜん》と、帝国ホテルの料理長が指導する家庭料理。なかなかの本格派だ。

豆知識としてつけ加えておくと、すし、天ぷら、うなぎ、そば、うどんといった和食の定番メニューが確立したのは徳川時代の江戸。西洋料理が日本に入ってきたのは明治だが、それが「洋食」に化けて家庭に普及したのは大正から昭和の初期にかけてである。「洋食」とは西洋料理を日本風に改造した和洋折衷《せっちゅう》料理のこと。コロッケ、トンカツ、ライスカレー、すべて日本で生まれた「洋食」である。日

戦争初期の魚料理

■たたき風の鰹の即席作り

青葉《あおば》時《どき》の初鰹《はつがつお》は、昔から初夏の優れた味覚の一つに数えられ、茶人好みには松葉燻《いぶ》し、藁燻《わらいぶ》しなどいろいろありますが、家庭で簡単にするには、節《ふし》おろしにして皮の方にうっすりメリケン粉を刷《は》き、金串を打って、さっと火(瓦斯《ガス》火でよい)にかざします。

これはほんの皮が焼ける程度にするので、身は赤いまま、忘れても白くなるまで焼かないこと。皮目《かわめ》が焙《あぶ》れたら反対側をちょっと返して、すぐ冷い水でさっと洗うと、メリケン粉だけ落ちて、皮は綺麗に元のままになっています。

これを刺身に作って、波の感じに高《たか》

本人は外来の文化を自己流にアレンジするのが得意なのだ。

◆改良こんろつきのシステムキッチン

台所の設備も都市と農村では隔たりがあった。

農村には台所という場所自体がなかった、と考えたほうがいい。野菜や食器を洗うのは（ついでにいえば洗濯も）川で。煮炊きは土間にしつらえたかまどか、一家団らんの場でもある囲炉裏《いろり》でする。飲用水は外の井戸からえっさえっさと運んできて、水がめで保存。燃料はもちろん薪《まき》や炭である。こんな状態では、料理に凝《こ》れというほうが無理な相談だ。

他方、都市では、一九二三（大正一二）年の関東大震災以降、ようやく台所らしい設備が整いはじめていた。水道、電気、ガスといったインフラの整備は

低《ひく》をつけて盛り、晒《さら》し葱の薬味を添え、酢醤油に溶き芥子《がらし》を合せて頂きます。

また、節おろしの切屑《きりくず》をかつらに剝《む》いた胡瓜《きうり》で巻くと、なかなか気がきいています。

（八百善・栗山善四郎／『主婦之友』昭和一四年五月号）

■鱒のマヨネーズかけ

これはコールドサーモンといって、冷くして食べる魚料理で、鱒《ます》や鮭はもともと美味しい魚なんですが、脂肪《あぶら》がくどいので、それを除くため次のように茹《ゆ》でるのです。

まず魚がたっぷり浸《つか》るくらいの水に、普通の大きさの鱒一尾《ぴき》なら玉葱二個、人参も玉葱と同じくらいでどちらも薄切にし、他にパセリや香料もあったら

地域によってまちまちだったが、家庭にいちばん早く引かれたのは電灯で、昭和初期には、地方都市から農山村まで光源のための電気がほぼ行きわたっている。ガスと上水道の普及はその後だ。

東京の最新式の集合住宅なら、水道の蛇口のついた小さな流しに、ガスこんろが一個。郊外地方都市の家庭では、水は井戸で(台所にひきこんで蛇口をつけたのもあったが)、煮炊きの器具は、かまど、七輪、改良こんろ(炭や石油を燃料とするこんろがこうした名前で売られていた)などを併用していた。それでも蛇口をひねれば水が出て、マッチ一本で火がつくこんろが出てきたことで、調理の幅は広がった。かまどじゃさすがにケーキは焼けない。

注意が要るのは、当時の台所には冷蔵庫がなかったことだ。夏場には氷冷蔵庫を使う家庭もあったが、

入れて、塩と酢を少し落し、魚を水から入れます。

いちばん大切なのはここで、湯から入れると皮がはぜ、そのはぜたところから水が入り、自然味も落ちるというものです。

煮立ったら弱火《とろび》にして、箸が楽に通るまで茹で、火を止めてからその茹汁の三分の一を捨てて、新たにそれだけの水を注《さ》すのです。これは魚の煮えすぎを防ぐためですから、冷くして食べる魚料理にはやはり大切なこつです。

これをそのまま冷しておき、食卓へ出す間際に引き上げて皮を除《と》り、マヨネーズで召上ってごらんなさい。こうして茹でた魚にはマヨネーズがほんとに乗ってきます。切身だってこの方法ですが、味の点で丸のままには敵《かな》いま

一年中ではない。食品は必要な量をそのつど買うのが当時の生活だったといえるだろう。もっとも下町では一歩外へ出ればお店があったし、山の手や郊外の家庭にはご用聞きや行商人が出入りして、野菜や魚介を届けてくれる。コンビニやデリバリーの発達した現代の生活に、その点は似ていたかもしれない。

米もまともに食べられない農村と、多彩な食品が手に入る都会。戦争になってしばらくたつと形勢逆転。都会からは食物が消え、自給自足の農村には食物が残っている、という皮肉な事態になるのだが、戦争前にそんなことを予測していた人はだれもいなかった。

せん。

またそのマヨネーズソースに、にんにくを少し擂《す》り込んだものもよく、附《つけ》合《あわ》せには薯《いも》サラダなど結構です。多勢《おおぜい》のときには姿のままを大皿に盛り、レタスや花形トマトで飾ると綺麗です。

（帝国ホテル司厨長・石渡文治郎／『主婦之友』昭和一四年五月号）

「ハムライスの素」の缶詰の広告．都市に限られていただろうが，戦前にはインスタント食品も食卓にあった

婦人雑誌と家庭の料理

◆クッキングリーダーはお嬢様

それにしても、昭和の初期に家庭料理のメニューが豊富になったのはなぜだったのだろう。

ひとつは食品産業や流通が発達し、さまざまな材料が手に入りやすくなったことだ。交通の便がよくなり、全国各地の生鮮食料品が都会には集まってくる。加工食品の種類も増えた。牛乳、バター、チーズなどの乳製品。ハム、ソーセージ、コンビーフなどの食肉加工品。ウスターソース、トマトケチャップ、カレー粉、マヨネーズ、化学調味料といった新式の調味料も、このころにはもう家庭に普及していた。

もうひとつの理由は、食にかんする情報が発達し

昭和初期の本格西洋料理

■ポルク・エマンセイ・ウィズ・アップル

豚肉を林檎《りんご》と一緒に煮込んだもので、たいそうあっさりした料理であります。御飯のお菜《かず》にはちょっと不向きかもしれませんが、パンに添える軽い昼食向きにはお誂《あつら》え向きでありましょう。

▲材料

豚肉のロース一人前二〇匁《め》(七〇g)、林檎一人前半個、玉葱三分の一個、大《にん》蒜《にく》一片、バタ、塩、胡椒

▲料理法

林檎を縦二つに割って、心《しん》を除《と》って、横二分《ぶ》(六㎜)厚みくらいに切ります。肉はロースのところを一人前二〇匁(七〇g)当てに、林檎と同じくらいの大きさに切ります。玉葱はみじん切り

たことだ。家庭料理の洋風化、近代化に大きな役割を果たした機関のひとつは高等女学校である。

高等女学校とは、いまの中学校と高校を足したような中等教育機関のこと。戦前の義務教育は小学校までだったから、卒業後もっと勉強したい人は、男子ならば中学校へ、女子は女学校に進学した。

女学校ではもちろん国語や英語や理科といった科目も教えていたけれど、それと同じくらい力を入れていたのが裁縫や家事、いまでいう家庭科である。良妻賢母教育といって、結婚してから困らない、いわば花嫁修業が、戦前の女子教育の柱だったのだ。

女学校の家事の時間には「割烹《かっぽう》」と呼ばれる調理実習があった。一九〇八（明治四一）年以降順次発行された割烹教科書には、刺身《さしみ》や天ぷらなどの日本料理と並んで、野菜スープ、サンドイッチ、ライスカ

にし、大蒜もみじんに刻みます。

各々用意ができましたら、まず肉に軽く塩、胡椒して、バタでいためます（色のつかぬくらい）。林檎も同じくバタで、ちょっと軟かくなる程度にいためます。玉葱と大蒜は一緒にして鍋に入れ、バタでやはり色づかぬ程度にいため、塩、胡椒を軽くします。

こうして全部いため終りましたら、深鍋に肉、林檎、肉、林檎と交互に並べて重ねて入れ、玉葱と大蒜をいためてある鍋の中へスープを肉が隠れる程度の量だけ入れ、よくかき混ぜて肉の鍋へ注ぎ込み、肉も林檎も軟かくなるまで、弱火《とろび》で煮込みます。一〇分か一五分で出来上ります。

（新橋エーワン料理長・羽山清三郎／『主婦之友』昭和四年一一月号）

レー、ビーフステーキ、シチュー、フライドフィッシュ、オムレツ、サラダ、アイスクリーム、カスタードプディングといった洋風料理や洋菓子の項が見える（江原絢子「家庭料理の発展」／『近現代の食文化』所収）。ここで習いおぼえたハイカラ料理の作り方を、お嬢さんたちが家庭にもち帰り、その知識が女中さんやご用聞きなど、さまざまな人の口コミを介して各階層へ、または都市から農村へ伝播《でんぱ》する。女学校出のお嬢様や奥様は戦前のクッキングリーダーだったのだ。

◆婦人雑誌は日本が誇る近代文化

女学校に進学できるようなお嬢様は、しかし一〇人に一人くらいのもの。女学校で教えていたような知識を一般に流布《るふ》させ、主婦の啓蒙《けいもう》に直接的な役割

■美味しい南瓜の西洋料理

南瓜《かぼちゃ》に肉を詰めて蒸煮にした美味しい西洋料理で、とくに御婦人やお子様方に喜ばれます。

▲南瓜小一個として、牛肉三〇匁《め》（一一〇g）、豚肉二〇匁（七〇g）、玉子一個、牛乳少々、塩、胡椒

▲**料理法**

南瓜は泥などのついていないよう、束子《たわし》でよく洗います。そして蔕付《へたつき》の方を七分三分くらいの割に切り取って、蓋《ふた》にします。両方とも匙で中のわたを刳《えぐ》り除《と》り、その中へ塩、胡椒をふっておきます。

肉は両方一緒にして、二度ほど挽肉《ひきにく》器《き》にかけて挽き、塩、胡椒を加減よくして、それに玉子を割り込み、なお牛乳を少々加え（あまり軟かすぎないよ

をはたしたのは婦人雑誌、いまでいう女性誌だ。

婦人雑誌は戦後のものみたいな気がするけれど、どっこい明治の末には一五〇誌をこえる婦人雑誌が出版されていた。婦人雑誌は日本が誇る文化のひとつなのである。ことに大正期には『主婦之友』『婦人公論』など二〇〇誌もの婦人雑誌が創刊された。一九三一（昭和六）年を例にとると『主婦之友』が六〇万部、『婦人倶楽部《クラブ》』が五五万部。このくらい売れている雑誌はいまでも少ない。

家事や家計の工夫から、子育て、教育、ファッション、美容にかんする情報まで、婦人雑誌がカバーする記事の範囲は、家庭生活すべての領域に及ぶ。当然そこでは食も大きなテーマだった。雑誌で料理指導に当たったのは、料理学校の先生や、有名料理店のコック長など。また「名流夫人」と呼ばれる大

う）、よく混ぜ合せます。これを南瓜の中へ一杯に詰め、切り取っておいた蓋を上からきっちりと被《かぶ》せて、晒布《さらし》かガーゼの布でくるりと南瓜を包み、動かないようにしっかりと、上部を紐で結んでおきます。

南瓜がゆっくりと入る深鍋にバタを引いて、人参（半本）、玉葱（半個）の薄く切ったのを並べ、なおベーコンかハムがありましたら、薄切にしたのを二切れほど入れます。スープ（鶏の骨か牛、豚肉の屑で取ったもの、なければ水に味の素でもよろしい）を南瓜の三分の一くらいまで入れ、鍋の蓋をして、約三〇分ほど弱火で煮ます。

細い串を刺してみて、まだ固いようならもうしばらく煮ます。できましたら布のまま皿にとり、ちょっと冷めて

臣夫人、代議士夫人、軍人夫人らもよく登場し、「名流家庭のお台所訪問」なんていう記事がよく載った。

もっとも、そこは雑誌である。いまもそうだが、雑誌に載っている料理をほんとに作ってみる人は、たぶんそんなに多くないだろう。「いつか作ってみたいものだわねえ」と思いながら誌面を眺める、そんな「憧れの世界」であった部分も大きかったはずだ。

婦人雑誌が広めたものは、したがって、単なる料理のレシピではない。もっと重要なのは、家庭料理にかんする考え方を一新させたことだ。意外かもしれないが、戦争中の摩訶《まか》不思議な食の数々も、これなしには成立しなかったと思われるのである。

から布を取りのけ、二山を一人前の分量としてナイフを入れ、元の通りの形として皿に盛ります。小さい南瓜ですから、一個で五人前くらいになります。

（主婦之友食堂料理長・川上清一郎／『主婦之友』昭和四年五月号）

季節感あふれる野草料理

野も山も春の息吹《いぶ》きに甦り、若草も木の芽もすくすくと伸びて参りました。摘草《つみくさ》のシーズンです。芹《せり》、のびる、たんぽぽ、土筆《つくし》など、摘草料理の美味しいところをご紹介いたします。

■おおばこの胡麻和え

摘草料理としては癖のない美味しい

◆雑誌が広めた栄養学の知識

食の近代化、すなわち婦人雑誌が広めた食にまつわる概念は、二つあったと思う。

ひとつは食についての科学的な知識である。簡単にいえば栄養やカロリーの問題だ。

日本の主食は米である。麦や雑穀を混ぜたご飯だったとしても、中心はまあ米である。で、主食が米だということは「米ばっかり食べていた」のに等しい。つまり庶民は「料理」なんか食べていなかったわけ。一汁一菜《いちじゅういっさい》あれば上等なほう。おかずといえば、ちょっぴりの野菜の煮付け、漬け物、味噌汁、その程度。有名な宮沢賢治の詩「雨ニモ負ケズ」に「一日ニ玄米四合ト味噌ト少シノ野菜ヲタベ」という箇所があるけれど、実際にも、よほどのお金持ち以外、日本の基本的な食事はそんなふうだったのである。

ものです。

材料（五人前）　おおばこの葉目笊《めざる》に二杯、白胡麻大匙四杯、生姜少々、砂糖、塩、醤油、味の素

拵《こしら》え方　①おおばこの葉は洗い、塩を少々落した熱湯で蓋《ふた》をしないで青茹《ゆ》でにし、水に移して冷《さま》し、すぐに水気を断《き》っておきます。

②胡麻は香ばしく炒って擂《す》り潰《つぶ》し、砂糖小匙山盛一杯、塩小匙平に一杯、醤油大匙一杯と味の素少々を擂り混ぜて前のおおばこを和えて小丼に盛り分け、生姜を細く繊《せん》に切って上からぱらりとふりかけて侑《すす》めます。

■雪の下の天麩羅

雪の下は湿地に野生する草で、厚みのある丸い葉は天麩羅《てんぷら》に致しますと、

それではいかん、ということで、日本人の体位を向上させようと、大正期になって、ようやく西洋式の栄養学がとりいれられる。そして科学者の指導のもと、食生活改善運動というものが起こった。これは「米ばっかり」の食習慣を徐々にだが変革した。

からだを健康に保つには、炭水化物、たんぱく質、脂肪という三大栄養素が必要なこと。元気に活動するためには必要とされるカロリー値があること。ビタミンや無機質が欠乏すると病気になること。栄養のバランスをとるには一日の「献立《こんだて》」を考えなければいけないこと。——栄養学の基礎の基礎ともいうべきこうした知識が広まったのは昭和初期。家庭料理のメニューが豊富になった時期と重なっている。女学校や婦人雑誌はだてに飽食をあおったわけではなく、栄養学の見地から料理指導に力を入れたので

とてもよい香りが致します。

材料（五人前）　雪の下の若い葉を一つかみ、玉子一個、メリケン粉、味の素、塩、胡麻油、大根卸《おろ》し、醬油

拵え方　①雪の下はざっと洗って布巾で水気をとります。

②次に玉子一個に水大匙三杯をまぜ、メリケン粉大匙山盛三杯をふり入れて軽くまぜ合せ、味の素と塩でちょっと味をつけて衣を作っておきます。

③鍋に胡麻油を煮立たせ、雪の下を一枚ずつ衣をつけて手早く揚げ、卸し醬油で頂きます。

（以上、土井割烹研究所・土井わか／『婦人倶楽部』昭和一四年五月号）

ある。

ついでにいうと、カップ何杯、大さじ何杯というように、材料を計量する習慣も、女学校の調理実習や婦人雑誌が定着させたものだ。勘と経験に頼っていた調理法にも合理性が導入されたわけである。

◆家庭の味は母の愛？

婦人雑誌が広めた食にまつわる二つめの概念、それは、「家庭料理イデオロギー」とでも呼ぶべきものだ。つまり「手作りの料理は母の愛情のあかしである」という考え方のこと。逆さまにすれば「できあいのお総菜《そうざい》ですませるのは主婦の怠慢、手抜きである」。そんなことは当たり前だとあなたは思うかもしれない。しかし、このイデオロギーは婦人雑誌などのメディアによって「つくられた」部分が大き

これが母の愛情メニュー

■お子様を中心にしたお雛節句の楽しい食卓

ちらほらと桃の花も綻《ほころ》びて、待ちに待ったお節句の日、緋毛氈《ひもうせん》の雛壇《ひなだん》の前に一家水入らずの集りや、また可愛いお客様をお招きして、ささやかながらも嬉しい食卓を囲んだ幼い頃の想い出は、いつになっても懐しいものです。

軽い盛合せでよいから、日頃子どもの好きそうなものを、見た目も美しく、ちょっとした工夫などしてと思いまして、五品六品取合せてみましたが、ほんの僅かの手数で作れるものばかりですから、これを基《もと》にして、想い出に残る日をぜひ祝ってあげてくださいませ。

いのだ。

家庭の食卓が飯と漬け物程度だった時代(地域)には、こんな考え方はどこにもなかった。裕福な家庭では炊事は使用人の仕事だったから、主婦は自分で料理なんかしなかったし、忙しい農家や商家では、主婦も大事な労働力だから、炊事なんかに時間を割《さ》いてはいられない。料理に手間暇かけられるのは、夫は外で働き、妻は家事に専念する、新しい都市型の核家族にだけ可能なこと。もちろん核家族でも、共働きの家庭ではそんなことはやっていられない。愛情と料理の間には、本来、なんの関係もないのだ。

女学校や婦人雑誌は、しかし、一家の健康管理者としての主婦の役目、子どもの情操を育《はぐく》む母の役目をことあるごとに強調した。象徴的なのが「お子様のおやつは手作りで」といった記事だろう。栄養学

▲**献立**

菜の花御飯
蛤《はまぐり》の潮汁《うしお》
七種《なないろ》盛合せ
菱蒲鉾《ひしかまぼこ》
橘《たちばな》つくね
桜羹《さくらかん》
まな鰹《がつお》の白妙焼《しろたえやき》
金柑《きんかん》の照煮《てりに》
涼拌三絲《リャンバンサンスー》
人形海老
食後の桃花ブランマンジ

▲**菜の花御飯**(五人前)

刻んだお菜《な》に煎《い》り玉子を振り混ぜた、桃の節句に相応《ふさわ》しいお子様向の御飯で、お加減は白米六合(一〇八〇cc)に水六合(一〇八〇cc)、酒一合(一八〇cc)、

が普及して、育ち盛りの子どもには三食のほかに栄養たっぷりのおやつが必要だ、との考え方も広がり、キャラメル、ドロップ、ビスケットなどの洋菓子を子どもに与える習慣も家庭には浸透していた。が、それだけでは飽きたらず、婦人雑誌はケーキやドーナッツの作り方をしょっちゅう載せた。「お子様本位」の考え方は、下段に紹介したような「お節句料理」や「お誕生日料理」にもあらわれている。

後のページでゆっくりとやるけれど、ものがなくなった戦争中にも、婦人雑誌には、とんでもなく手間のかかったレシピが登場する。その背景には右のような事情がからんでいたものと思われる。平和な時期から主婦の心に叩きこまれた「栄養」と「愛情」という二つの呪縛《じゅばく》。そこのところがわかっていないと、戦争中のレシピはひどく奇妙に見えるだろ

塩茶匙三杯の割合。

よくほぐした玉子に塩と砂糖で淡味《うすあじ》をつけ、火にかけて五、六本の箸で絶えずかき混ぜながらそぼろにし、お菜《な》は何なりとさっと青く茹《ゆ》でて手早く水にとって冷《さま》したら水気をきり、葉のところだけ細かにみじん切《ぎり》にしたのを、塩と味の素をぱらっと振って空炒《からい》りするのです。

ふっくり炊き上げた御飯に、玉子とお菜《な》を軽く混ぜて、青みの美しいうちにすすめます。

▲人形海老

さいまきという車海老の小さいのを一人一尾《びき》あてとし、背腸《せわた》を除《と》って、腰の曲がらぬように腹側に細い串を刺し、さっと塩茹《ゆ》でしますと、真赤に色づき

う。

◆やせ細っていく婦人雑誌

さて、数ある婦人雑誌のなかから、この本では『婦人之友』『主婦之友』『婦人倶楽部』の三誌に載った戦時中のレシピをとりあげている。

理由のひとつは、この三誌が主婦の啓蒙に大きな役割を果たした有力雑誌だったことだ。

『婦人之友』(婦人之友社)の創刊は一九〇三(明治三六)年。現在、もっとも歴史の古い婦人雑誌だ。家事の合理化から主婦の社会参加まで、先取的な思想で知られ、「友の会」を組織して読者同士のつながりを作るなど、いまでいう市民運動的な側面も持っていた。

一九一七(大正六)年創刊の『主婦之友』(主婦之友

ますから、よく冷《さま》して頭を除って皮を剝《む》き、塩と砂糖でちょっと味を調えた煮出汁《だし》にしばらく浸けて二つ切《ぎり》にし、紅白のリリヤーンで結び、頭に海老の目玉か小粒のささげでも挿し込みますと、趣のある抱雛《だきびな》が出来上ります。

これですっかり食卓が整いましたから、白酒代りにカルピスかホット蜜柑《みかん》のような飲物があればお子様方には何よりですし、軽いお食後にはいちばん手軽なブランマンジに果物《フルーツ》でも添えて出しましょう。お支度が終ったら、お母様も御一緒に無邪気なお話の仲間入りしてあげましたら、どんなに嬉しいことでございましょう。

(以上、亘理浪子/『主婦之友』昭和一四年三月号)

社）はその前年に創刊された『婦人公論』とともに、大正昭和の婦人雑誌ブームをリードした日本を代表する雑誌のひとつだ。「主婦」ということばも、この雑誌が広めたといわれるほどで、家事全般に強いところを見せ、大衆的な人気を獲得した。

『婦人倶楽部』（講談社）の創刊は一九二〇（大正九）年。『主婦之友』の後発誌として登場したが、料理や手芸の記事に力を入れ、ヤングミセスに人気があった。また、一九八八（昭和六三）年に廃刊になるまで、『主婦之友』や、戦後創刊された『主婦と生活』『婦人生活』とともに戦後も四大主婦雑誌の一翼をになった。

右の三誌をとりあげるもうひとつの理由は、一九四五（昭和二〇）年の敗戦時まで出続けて、かつ戦後まで残った婦人雑誌はこの三誌だけだからだ。逆に

『婦人之友』昭和一四年八月号。年間を通じて花の絵が表紙に。この号は蓮

『主婦之友』昭和一四年五月号。この頃はまだ「働く女性」は表紙に現れない

いうと、あれだけあった婦人雑誌は、戦争中にことごとく休刊や廃刊に追い込まれた。物不足は雑誌用紙にも及び、商工省の用紙統制によって、最初は雑誌のページ減が、次には雑誌の統合整理が進められたのだ。

休廃刊を免れた三誌も安穏《あんのん》とはしていられず、しだいにページ数を減らし、色刷りの料理写真まであった夢いっぱいの誌面が、敗戦の年にはわら半紙を綴《と》じただけの薄く質素なものになる。戦時色を増していくようすが、表紙の絵柄にもあらわれている（口絵一ページ参照）。それと同時に料理ページもだんだんと戦時色を増していった。

『婦人倶楽部』昭和一六年七月号。戦争初期には母子の絵柄の表紙も増えた

2 総力戦は節米から

日中戦争下のレシピ

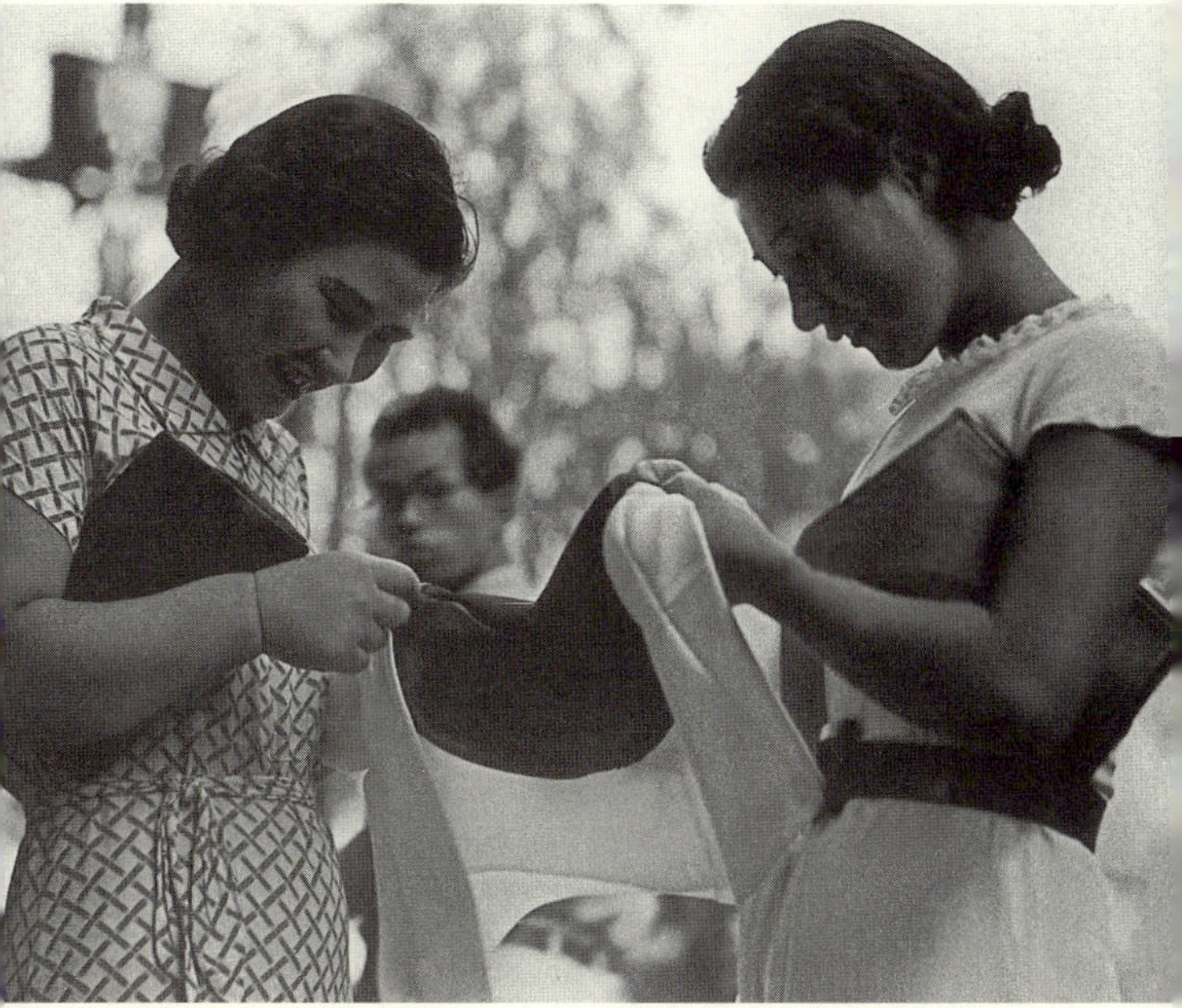

日中開戦を受けて千人針が流行．銀座でもこんな光景が目立った

料理にも大東亜共栄圏の影

◆戦争初期はイケイケ気分

戦争がいつはじまったかを特定するのは、むずかしい。十五年戦争（一五年間続いた戦争の意味）という呼び方は、関東軍（中国に駐屯する日本陸軍）が満州鉄道を爆破し、軍事行動を開始した一九三一（昭和六）年の柳条湖《りゅうじょうこ》事件（満州事変）から戦争ははじまり、一九四五（昭和二〇）年に終わったとする考え方にもとづいている。しかし、満州事変のころは、物価の高騰で生活は苦しかったものの、戦争という自覚はあまりなかった。

人々の実感としては、一九三七（昭和一二）年七月七日の盧溝橋《ろこうきょう》事件（北京郊外の盧溝橋で日中両軍が衝突した事件）をきっかけとした日中戦争のはじまりが

勇ましい時代

■女子軍事教練（詩・西条八十）

軍国の風颯爽《さっそう》と
吹け吹け、大和撫子《やまとなでしこ》を、
可憐の瞳、黒い髪、
かれらも銃を担うなり。
教練の朝、よく晴れて、
若き配属将校の
号令の声ほがらかに
遠く微笑む空の富士。
帝都に敵機襲来の
その暁《あかつき》を想うとき、
銃後の花というなかれ、
女も御国の兵《つわもの》ぞ。
白き繊手《せんしゅ》に、フランスの
危機を救えるジャン・ダルク、
その面影を夢みつつ、

「戦争の時代のスタート」だったようである。ただ、戦争といっても、このころはまだイベント気分。一○月の上海戦の勝利や一二月の南京陥落《なんきんかんらく》が報道されると、祝賀ムードに国じゅうがわいた。

この年に流行したのが、「千人針」である。一〇〇〇個の印をつけた布に一人が一針通して糸を結ぶ。これを腹に巻けば敵弾も避けて通るというジンクスがあり、道ゆく人に糸を結んでもらおうと、出征兵士にもたせる布を手にした人が街角にあふれた。

婦人雑誌にも、戦争気分を盛り上げる勇ましい記事が載った。下段は「銃後《じゅうご》女性軍詩画行進」と題されたグラビアページに載った詩だ。戦争が激しくなるのを待ち望んでいるかのような調子。戦争は遠い中国でのできごとだったし、日本は勝っていたから、家族が戦死したような場合は別として、ふつうの人

昂然として、かれら行く。
日ごろ嫌いな草原の
毛虫芋虫、なんのその
隊伍《たいご》堂々踏みつけて
かれらは歩む、一、二、三!
（『主婦之友』昭和一二年九月号）

高等女学校での木刀の稽古風景（昭和 13 年）

の間には「イケイケ」の気分がまさっていたのだ。

この感覚を理解するには、オリンピックやサッカーのワールドカップなど、国際的なスポーツ大会を思い出してみるといい。たとえば日本軍が南京を占領した一九三七年一二月一三日の翌日には各地で提《ちょう》灯《ちん》行列が行われた。その興奮ぶりは、日本チームが勝利した日の「ニッポン、ニッポン」な雰囲気と似ていたのではなかったろうか。戦争とスポーツはちがうといわれるかもしれないが、自分の国を応援し、勝てば国じゅう歓喜に沸く点は同じ。というか、国をあげての命がけの真剣勝負なだけに、盛り上がり方はもっとすごかったかもしれないのだ。だから戦争はこわいのである。

◆鉄兜マッシュに軍艦サラダ！

興亜時代の戦意高揚料理

■端午のお節句料理の作り方

伸びゆく日本！　大東亜建設の次代を担う坊ちゃん方のために、見た目も可愛くて勇ましい献立にしました。時節柄、材料はどこでも手に入る安価なものを使い、作り方もごく手軽ですから、ぜひお母様の手で、幸先を祝ってあげてくださいませ。

▲献立

吸物　矢車しんじょ
　　　三《み》色《いろ》吹流《ふきなが》し
焼物代り　魚の鐘馗揚《しょうきあげ》
　　　矢《や》羽《ば》根《ね》蓮根《れんこん》
　　　軍配《ぐんばい》蚕豆《そらまめ》
口代り　鉄兜《てつかぶと》マッシュ

戦意を盛り上げるイベント気分の料理を、ひとつ紹介しておこう。前章で桃の節句の料理を紹介したけれど、下段のは端午《たんご》の節句の料理である。「鉄兜《てつかぶと》マッシュ」「軍艦サラダ」「飛行機メンチボール」といった勇ましい料理名が並び、すっかり戦争お楽しみグッズと化している（口絵四―五ページ参照）。説明文には〈伸びゆく日本！　大東亜建設の次代を担う坊ちゃん方のために〉なんて書いてある。

「大東亜《だいとうあ》」とは東アジアや東南アジア一帯のことを指す。が、戦時中には「大東亜共栄圏」という使い方をした。欧州勢力を排除し、日本をリーダーとした中国・満州《まんしゅう》・東南アジアからなる諸民族の共存共栄をはかる――それが「大東亜共栄圏」の意味するところだ。「興亜《こうあ》ちまき」という名で献立《こんだて》に登場する「興亜」も、「アジアの振興をはかれ」という、

軍艦サラダ
飛行機メンチボール
食後　菊水ゼリー
　　　興亜ちまき

▲口代り

躍進日本の陸海軍と荒鷲《あらわし》を表現した、男の子の喜ぶ思いつきの盛合せです。

▲鉄兜マッシュ

馬鈴薯《じゃがいも》でも甘藷《さつまいも》でも結構ですから茹《ゆ》でて潰《つぶ》し、人参と玉葱のみじん切《ぎり》を炒めて混ぜ合せ、塩味をつけて一寸二―三分《ぶ》（三・五―四㎝）丸みの鉄兜形に作り、前方に星形に切った人参をくっつけます。好みで肉桂粉《にっけいこ》を振りかけますと、いっそう感じを深めましょう。

ほとんど同じ意味のことばである。「大東亜共栄圏」も「興亜」も、日本がアジアを侵略するために政府が考えた「いいわけ」だ。日本人以外の人々からみれば、ひとりよがりで勝手な話なのである。でも、当時の日本人はそんなことは考えもしなかったから、平気で「大東亜建設の次代を担う坊ちゃん方」なんていえたのだろう。

　もうひとつ、この料理が目をひくのは、見立てというか遊びというか、やたらとこまかい細工をさせている点だ。うさぎの形のりんごや、たこの形のウインナーソーセージと同じだが、それもまた母の愛情表現だったのだろう、婦人雑誌の料理記事はもともと凝《こ》った細工が好きだった。「〽勝ってくるぞと勇ましく……」(露営《ろえい》の歌／作曲・古関裕而　作詞・藪内喜一郎　一九三七年)なんていう軍歌がはやり、戦車

▲軍艦サラダ

　林檎《りんご》を一人半個あてに船の形に切り、芯を刳《く》りとって塩水にしばらく浸けておきます。林檎の屑《くず》は中身にいたしますから、適宜に切っておき、人参、バナナ、青豆《グリーンピース》などと一緒にマヨネーズまたは甘酢で和《あ》えて、林檎の船に小高く盛りつけます。

▲飛行機メンチボール

　挽肉《ひきにく》五〇匁《め》(一八〇g)に玉葱と人参をおろして軽く搾《しぼ》ったものと、マッシュポテトの残りを挽肉と半々ぐらいに混ぜ、つなぎに水に浸したパン屑、または玉子を少々混ぜ合せて塩味をつけます。これを五つに分け、三分《ぶ》(一㎝)の厚みに上を丸く、下を真直《まっすぐ》にして大空の感じを出します。

や機関銃のおもちゃが売れ、軍旗や日の丸も大人気、『少年倶楽部《クラブ》』のような少年雑誌も軍事一色だった時代。いまの子どもがアニメのヒーローに憧れるのと同じように、当時の子どもは軍人さんに憧れた。軍艦サラダなんかを見たら、子どもは大喜びしたにちがいない。

もっとも、ここまで軍国調のお遊び料理は、さすがの婦人雑誌にも多くない。いくら軍国熱が高くても、暮らしは暮らし。主婦もそこまで暇ではないのだ。

◆これも日本の地方料理?

大東亜共栄圏の話が出てきたので、時代の雰囲気を伝える料理をもうひとつ紹介しておこう。

満州料理だ。満州とは、いまの中国の東北地方を

　次にメリケン粉に転がし、フライ鍋《パン》にバタと油を半々に熱した中で、蓋《ふた》をして充分に蒸焼《むしやき》します。

　少し冷めたら表面に白《ホワイト》ソースをぽっとりと塗り、固まったら莢豌豆《さやえんどう》を細く切って、三機編隊《へんたい》に見立てて飾りましょう。サラダには可愛い軍艦旗を立ててせん切《ぎり》キャベツの波の上にのせ、鉄兜、飛行機はそれぞれ写真のように盛りつけてください。

（以上、関龍一氏夫人・関操子／『主婦之友』昭和一六年五月号）

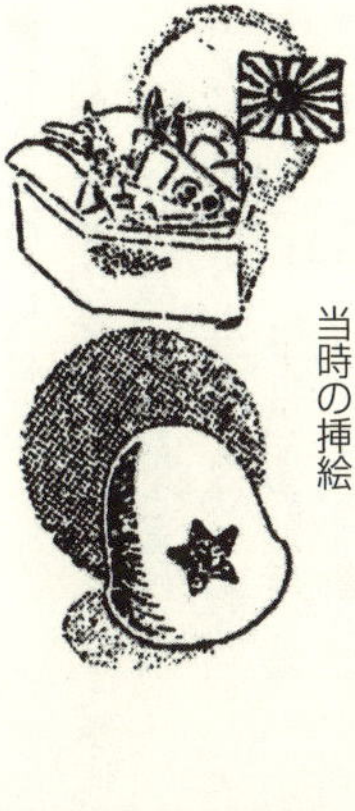

当時の挿絵

指す。柳条湖事件（満州事変）の翌年、関東軍は満州の主要な地域を占領し、すでに退位していた中国（清国《しんこく》）の皇帝をひっぱりだして、「満州国」という日本の植民地のような国を勝手に作ってしまった。そして、日本の農村から、満州に農業移民を大量に送りこんだのである。「満蒙《まんもう》開拓団」などと呼ばれる移民だけで三〇万人、日本人の総数では七八万人におよぶ。そのなかには、移民の花嫁募集に応じて大陸にわたった女性たちもいた（ちなみに現在、中国残留孤児・残留婦人と呼ばれているのは、このとき大陸にわたった人たちや、その子どもたちだ）。

こうして婦人雑誌の読者も大陸にまで広がり、料理ページにも、ときに「満州料理」が紹介されるようになった。下段はその一例。ここでとりあげたのは火鍋《ひなべ》だが、餃子《ぎょうざ》や春餅《シュンピン》が「満州料理」として載っ

■我が地方の自慢料理
朝鮮・満州の巻

今月号には極寒の地朝鮮と満州の料理をご紹介いたします。かの地の読者からもたらされた最近の朝鮮料理と満州料理で、在来のものとは趣の違った美味しいものでございます。内地の方にもきっとご満足頂けると存じます。

▲ホウコウズ（火鍋《ひなべ》）

内地の寄せ鍋の一種ですが、寒い寒い満州の冬、暖かい暖炉《ペチカ》の前に集まって頂く夕飯に、ホウコウズの美味しさは第一等の食味《しょくみ》がございます。

材料（五人前）

春雨一束、白菜半株、椎茸五個、豚肉または兎肉《うさぎにく》五〇匁《め》（一八〇g）、竹輪一本、烏賊《いか》一尾《びき》または鰯《いわし》五尾、人参

ている号もある。中華料理（当時は支那《しな》料理と呼ばれていた）は日本でもよく知られていたが、東北地方の料理はまだ珍しかったらしい。満州は日本よりずっと貧しかったから、こんなぜいたくな料理を食べていた人は、実際にはごく一部に限られていただろうけれど。

注目したいのは、これが「我が地方の自慢料理」と題されたページに載っている点だ。当時、日本の植民地だった朝鮮とともに「朝鮮・満州の巻」と、ごくふつうに書かれている。日本人読者が多数住んでいることからくる親近感がそうさせたのか、「朝鮮・満州は日本の領土の一部」ということを強調したかったためか。「興亜」の時代のふしぎな感覚が漂ってくる。

一本、葱三本、筍少々

拵《こしら》え方

①白菜は洗って細かく刻み、春雨は茹《ゆ》でて一寸（三㎝）くらいに切り、烏賊は食べよく短冊《たんざく》に切り、鰯は頭と腸《わた》を除いて三つくらいにぶつ切り、椎茸、人参、葱、筍、竹輪、豚肉などいずれも食べよい大きさに適宜に切ります。

②鍋に湯（スープならさらに結構）をたっぷり沸《わか》して椎茸、人参、筍を先に入れ、半煮えになったところで残りの材料を入れ、塩で好みの加減にし、チリレンゲも添えて煮ながら頂きます。

備考　材料はこれと限ったことはなく、手に入りやすい品を取り合せます。

（吉村昭子／『婦人倶楽部』昭和一五年二月号）

節米料理ってなんだ

◆白米よ、さようなら

戦争初期はイベント感覚。といっても日中戦争以降、人々の暮らしにも、戦争の影は迫ってきた。

兵士と兵士が向きあう「前線」に対し、直接戦闘にかかわらない一般国民を「銃後」という。戦争の、いわばサポーターである。日中戦争が長引いて、軍事予算はかさむばかり。そのため「総力戦」といって、この戦争では、戦線の兵士だけでなく銃後の人々も一致団結して戦うことが求められた。

一九三八(昭和一三)年には「国家総動員法」が制定され、統制経済(生産や流通や価格など、すべての経済活動に国が介入すること)がはじまった。一九四〇年(昭和一五)年には、ぜいたく品の製造や販売を制

節米の呼びかけ

■毎日二割の節米を

興亜の聖業に協力する私共は、食料問題を解決するために大いにお米を節約いたしましょう。各家庭で毎日二割弱ずつ他のもので補えば、今年の日本のお米は余るほどです。

(『婦人倶楽部』昭和一五年二月号)

■主婦はもっと自覚して

端境期《はざかいき》を前にますます節米の強化を必要とすることになりました。昨年の夏以来、節米という言葉がしきりにいわれているにも拘《かか》わらず、その実行者の意外に少ないこと、また実行していてもその方法が合理的でないことを知って、正しい節米の励行を痛感してお

限する法律（施行の日にちなんで「七・七禁令」と呼ばれた）ができ、国民に我慢を強いる「国民精神総動員運動」なんていうのも盛んになった。

こうして「ぜいたくは敵だ」「欲しがりません勝つまでは」の時代がやってきたのである。

食生活の面で国民がまっさきに求められたのは「節米《せつまい》」だった。節米とは、米をできるだけ節約して食べよう、の意味。一九四〇年には国民精神総動員運動の一環として「節米運動」がはじまり、週に一度の「節米デー」が奨励された。婦人雑誌にも、節米の意義をこんこんと説く記事が急増する。

白米も手に入らなくなった。一九三九（昭和一四）年に白米禁止令が出て、七分づき（種皮や胚芽《はいが》の七割を取り去ること）以上の米の販売が禁止されたのだ。

ただ、米がまだ自由に買えた間は、口をすっぱくし

ります。

「外米を食べるのは金を食べることである」といわれておりますが、我が家の節米が国の経済と直接に関係のあることを総《すべ》ての主婦はもっと深く自覚しなければなりません。

（『婦人之友』昭和一五年八月号）

■一日一度はお米なしで

代用食は不経済だ、手数がかかる。第一材料がない――といった声も聞きますが、今は自分々々の都合を言っているときでなく、国家が代用食を採り入れなくてはならぬ必要に迫られているのだということを考えて、せめて一日一食はお米なしですますように心掛けましょう。

（『主婦之友』昭和一五年一〇月号）

ていっても、節米はなかなか実行されなかった。そこで政府は国民の自主性に任せた「節米」をあきらめ、別の方法(配給通帳制度)に切り替えるのだが、その話は後まわし。ここでは節米の具体例を見ておきたい。

節米には大きく分けて三つの方法がある。仮の名前をつけておくと、①増量法、②代用食、③献立法、だ。婦人雑誌では三つをまとめて「節米料理」と呼んでいた。それでは、ひとつずつ見ていこう。

◆節米料理① 増量法

ご飯に他の材料を混ぜて、米の量を減らす方法。いわゆる「混ぜご飯」「炊き込みご飯」で、これは混主食とも呼ばれる。水の量を多くして全体のかさを増やした「おかゆ」や「雑炊《ぞうすい》」も増量法だ。

節米料理① 増量法

■節米混ぜ御飯

野菜はキャベツに馬鈴薯《じゃがいも》、人参、蓮《れん》根《こん》、牛蒡《ごぼう》、椎茸、玉葱、白滝《しらたき》、油揚など、御飯と同量くらいを用意し、全部細かく刻んでバタでさっと炒めてから塩を振り、出た汁も一緒にして仕掛けたご飯に入れ(水は少し控え目に)、塩と味醂《みりん》(なければ砂糖)と醤油をほんの少々入れて薄味に炊き上げ、お櫃《ひつ》に移すとき青豆を散らします。

一人前ずつ丼に盛って揉み海苔を振りかけると、野菜の臭いもなく、口当たりよく頂かれます。これに豆腐の清汁《すまし》でも添えれば、お客様におすすめしても喜ばれましょう。

(高野ハル/『主婦之友』

たけのこご飯や栗ご飯など、現代の混ぜご飯は、季節感や味を楽しむためのもの。戦争中はそうではなかった。目的はあくまでも米の量を減らすこと。そのため、レシピにもいまとはちがった特徴がある。

ご飯に混ぜる材料は、おいしさよりも栄養やカロリーが優先した。具(というか増量材)としてよく用いられたのは、さつまいも、じゃがいも、里いもなどのいも類。大豆、小豆、卯《う》の花(豆腐のしぼりかす。おからのこと)といった豆類。そして、とうもろこしや押し麦など、米以外の穀類だ。

具(増量材)の分量もかなり多い。ご飯と具が二対一、ときには同量、なんていうレシピも珍しくない。現代の混ぜご飯のレシピでは、具の種類にもよるが、米と具の比率は五対一か四対一程度が標準だ。

おかゆや雑炊も推奨されたが、このころは混ぜご

(昭和一六年六月号)

■馬鈴薯焼飯

新馬鈴薯は大きいのを三個ほどよく洗って、三分《ぶ》(一㎝)くらいの角切《かくぎり》にし、人参も同じくらいに切って一緒に茹《ゆ》でておきます。

フライ鍋《パン》に油を大匙一杯ほど溶《とか》し、玉葱小一個をみじん切にして炒め、馬鈴薯、人参を入れ、桜海老か白子《しらす》干《ぼし》を少々加えてさらによく炒めたら、塩と醤油少々で味をつけ、御飯をお茶碗に五杯ほど入れて、焦げつかないように注意しながら炒めます。これにスープか清汁《すまし》でも添えれば、立派にお客様にお出しできましょう。

(須賀つる子／『主婦之友』
昭和一六年六月号)

飯や炒めご飯のほうが多い。理由のひとつは、一九四〇(昭和一五)年の春から六割の外米を混ぜた米が販売されるようになったこと。これは第一次大戦後の不況で米価が異常に高騰した一九一八(大正七)年以来、二二年ぶりのことだった。「外米」とはインドやタイなどから輸入したインディカ米のことで、当時は「南京米《なんきんまい》」と呼ばれた。パサパサしておいしくないというので不人気だったが、混ぜご飯にしたり油を補えば食べやすい、ということだったのだろう。

しかし、考えてみれば、米に野菜やいもを混ぜるのは「かて飯」といって、貧しい農民がもともと常食としていた食事である。それをわざわざ「節米料理」と呼んで大騒ぎするなど、農村の住民にはちゃんちゃらおかしかったかもしれない。

節米料理② 代用食

■野菜パン

お台所にある野菜をいろいろと利用した、経済的な蒸しパンです。

野菜は人参、莢隠元《さやいんげん》、大根の葉など使い残りでかまいませんから、全部みじんに切り、別に甘藷《さつまいも》か南瓜《かぼちゃ》を五分《ぶ》(一・五㎝)角くらいに切ったものを用意します。小さい馬鈴薯《じゃがいも》一個を卸金《おろしがね》でおろし、バタ(マーガリンで結構)茶匙一杯と、みじん切りの野菜を入れて混ぜ合わせます。

そこへメリケン粉コップ一杯にベーキングパウダー大匙一杯を合わせて篩《ふる》い入れ、コップ八分目ほどの水を加減しながら入れて、どろどろに溶きます。

お弁当箱の内側にバタを薄く塗って

◆節米料理②　代用食

ご飯ではなくパンやめんを主食にすること。三度の食事の一回分を別の主食で代用させれば、その分、米の消費量が減るという考え方だ。小麦粉などで作った「すいとん」や「だんご」もこれに入る。

ちなみに「代用食」ということばは、もっぱら「米の代用品」の意味で使われた。それ以外の食品の場合は「代用食品」と呼んでも「代用食」とは呼ばない。日本では「食」といったら「米」なのだ。

戦時中の代用食というと「すいとん」を思い浮かべる人が多いかもしれないが、それはもっと後になってからのこと。婦人雑誌が提案する初期の代用食は、パン、蒸しパン、ホットケーキ、お好み焼き、肉まんじゅう、ワンタンなど工夫満載。スパゲッテ

材料を流し入れ、その上にあられに切った甘藷《さつまいも》と南瓜を綺麗に飾り、湯気の上がった蒸器に入れて一五分ほど蒸します。

（下條博氏夫人・下條清子／『主婦之友』昭和一五年九月号）

■麺飯丼（口絵二ページ参照）

材料（一人前）　茹出饂飩《ゆでだしうどん》二玉、葱半本、鰯《いわし》中一尾《びき》、塩、胡椒、バタか揚油

拵《こしら》え方

①いったん茹《ゆ》でた饂飩を一寸（三㎝）くらいに切ります。

②鰯の頭と腸《わた》を除《と》って三分《ぶ》（一㎝）くらいにぶつ切りし、葱はみじんに刻みます。

③大匙二杯のバタを熱し、②の材料を入れ、塩小匙一杯と胡椒少々をふりつ

ィ風に仕立てたうどん、ミートパイ、はてはニョッキやペリメニといったハイカラな「代用食」まである。こうなるとむしろ「趣味の代用食」だ（五一ページ参照）。前ページに紹介した麺飯丼《めんはんどんぶり》（口絵二ページ参照）も、うどんをご飯に見立てたもので、ひと味ちがったチャーハン風。

だいたい「米がなければパン（めん）をお食べ」という考え方自体、「パンがなければお菓子をお食べ」というせりふを思い出させるところがある。いかに米が不足していても、この当時、いちばん安い主食は米だった。もっと安い代用食はじゃがいもぐらい（下段の表参照）。家計の面からみれば、小麦粉で作るパンやめんなどの代用食は高くついた。手間も時間も燃料代もバカにならない。家庭では、粉をこねてパンを焼くより、ご飯を炊くほうが省エネなのは

け、二分間ほど炒ったらば、①の材料を加え、大匙一杯ほどの醤油をふりこみながら更に三分間ほど炒りまぜて丼に盛りこみ、匙で掬《すく》って頂きます。

（日本家庭料理研究会・小林完／『婦人倶楽部』昭和一六年四月号）

▼主食になる食品の値段（1kgあたり）

マカロニ	一円
大豆粉	八十銭
コーンスターチ	五十六銭
ひもかわうどん	五十銭
そば粉	五十銭
メリケン粉	四十銭
大豆	三十—四十銭
米	三十一銭
馬鈴薯	八銭

（『主婦の友』昭和一五年六月号）

いうまでもない。人々の自主性に任せた節米運動がうまくいかなかったのは、経済的な理由も大きかったのだ。

そんなわけで、米を代用食に切り替えるのは、想像以上にむずかしかったようだ。そこで次のような節米法が登場するのである。

◆節米料理③　献立法

いも、かぼちゃ、穀類など、満腹感のあるおかずを献立に取り入れる方法。おかずだけである程度満腹になるので、その分、主食を食べる量が減り、米を節約できる（はずだ）という理屈である。

戦争中のレシピには、ときどき意味を考えこんでしまうものがある。このタイプの節米料理もそうで、代用食をあれだけ熱心にすすめておきながら、さつ

節米料理③　献立法

■うどんとベーコンのコロッケ

うどんにベーコンと残り野菜を入れて丸め、コロッケのように揚げたもので、お惣菜にも御飯代りにも喜ばれます。

うどんは五人前で半把《わ》を軟く茹《ゆ》で、細かく切ったベーコンと一緒に炒めて塩、胡椒を補い、メリケン粉大匙三杯を牛乳か水五勺《しゃく》（九〇cc）で溶いて加え、バタ大匙一杯と青豆、莢隠元《さやいんげん》などの野菜を細かく切って入れ、ぽったりしたところを適宜に丸めて、メリケン粉と牛乳（玉子でもよい）、パン粉をつけて狐色《きつねいろ》に揚げます。

ベーコンの代りに、焼魚の残りや剝《む》き身《み》などを入れれば、いっそう経済に上《あが》

まいもやかぼちゃならまだしも、節米料理と称して、うどん、そば、ときには米を副食に使った料理が登場するのだ。これは奇妙な本末転倒にみえる。うどんやそばくらい、そのまま食えばいいじゃないか……。まして米においてをや。下段の「胡桃《くるみ》ビーフ」など、節米料理というより洋風精進料理である。

しかし、よく考えてみれば、これも涙ぐましい節米の工夫だったといえる。主食をすべてパンやうどんにするのは高くつく。それならせめて、おかずを工夫して、主食はご飯一膳、食パン一枚ですむようにする。メニューの変化を重んじつつ、家計への目配りも忘れない婦人雑誌ならではの発想といえようか。ちなみに当時、マカロニはあったけれども、スパゲッティは普及していなかった。うどんを使った洋風総菜《そうざい》は、パスタ料理の感覚だったのかもしれなります。

(岡ヨネ子／『主婦之友』昭和一六年六月号)

■胡桃ビーフ

お肉を全然使わないのに肉の味のする面白いお料理です。胡桃《くるみ》は植物性の食品の中では脂肪も蛋白質《たんぱくしつ》も優れ、栄養価の高いものですから、日本でももっと増産して、一般の人が食べるようになるとよいと、夫人は熱心にすすめられました。

材料　胡桃(皮ごと)一八〇g、玉葱一個、玉子二個、御飯カップ四杯、バタ(またはサラダオイル)、塩小匙三杯

拵《こしら》え方　胡桃を刻み、擂鉢《すりばち》で擂り、玉葱の半分をみじん切《ぎり》して炒め、胡桃、玉葱、玉子、塩を御飯によく混ぜ合せ

い。

戦争中の婦人雑誌で「節米」ほど登場回数の多いことばもない。どの雑誌も、どの号も、節米、節米、節米だ。ただ、一九四一(昭和一六)年ごろまでの節米料理には、まだあまり切実感がない。やむにやまれぬ苦肉の策というよりは「節米をしなければ」という理念が先行している感じ。つまりこのころはまだ、手間と時間とお金をかけて「おいしい節米料理」「趣味の節米料理」に凝っていられる程度の余裕が残っていたのである。

ます。大き目のドラ焼きくらいの形にまとめるか、あるいは型で抜いて両面をバタ焼きにします。

別に残りの玉葱を輪切にして塩を振り、バタで炒めて湯をさし、蓋《ふた》をしてしばらく煮たものを胡桃の御飯の上にのせて、お皿に盛ります。

(フィンランド出身・ミシキネン夫人／『婦人之友』昭和一五年一〇月号)

官民あげての節米ブーム

◆興亜奉公日用の「興亜パン」

節米料理を工夫したのは、婦人雑誌だけではない。米に代わるものとして食糧管理者や栄養指導者が普及をもくろんだのはパンである。下段に示したのは「興亜パン」「興亜建国パン」などと呼ばれるもので、さまざまなメディアに作り方が載った。

〈雑穀ですと粒のまま頂くより粉にしてパンに製して頂く方が味もよく、消化もよいのであります。糧友会では今度節米と、国民の栄養合理化の目的で、いろいろの栄養食品をまぜたパンを研究して、興亜建国パンと名づけて毎週何回、或は少くとも毎月興亜奉公日毎《ごと》に節米代用食として続けて頂くよう奨励しています。／興亜建国パンは、今後だんだんと普

これが噂の興亜パンだ！

■興亜パン

メリケン粉に大豆粉や海藻の粉、魚《ぎょ》粉《ふん》などに野菜を混ぜ合せた蒸パンです。分量はメリケン粉一〇〇匁《もんめ》（三七〇g）、大豆粉三〇匁（一一〇g）、砂糖（黒砂糖でもよい）四〇匁（一五〇g）、ベーキングパウダー五匁（二〇g）、食塩少々、人参、大根葉などの野菜を適宜に。

最初に人参、大根葉、ほうれん草などの野菜を細かく刻み、次にメリケン粉とベーキングパウダー、大豆粉、海藻の粉、魚粉などの粉類全部を篩《ふるい》にかけ、別の器に分量の砂糖、塩と水を八勺《しゃく》（一四〇cc）ほど入れてよく溶《とか》し、この中に篩った粉と野菜を入れて、しゃもじで練らないようにさっくりと混

通のパン屋さんでも普及してまいりましょうが、家庭でも立派に作れます〉（糧友会食糧学校主事・金子竹松／『婦人倶楽部』昭和一五年六月号）

　というから、パン屋さんでも売らせる気だったのだろう。が、これは生地をイーストで発酵させてふっくらと焼き上げた、あのパンではない。レシピを見ればわかるように、小麦粉に大豆の粉、海藻の粉、魚粉《ぎょふん》、野菜くずなどを加え、ベーキングパウダーでふくらませた、かなり面妖《めんよう》な蒸しパンだ。味は無視して栄養本位に考えられたパン。というか、これでは家畜の餌に近い。人間用の配合飼料という印象だ。

「興亜パン」とは「興亜奉公日に食べるパン」の意味も含まれていた。興亜奉公日とは毎月一日のこと。国民精神総動員運動の一環として、一九三九（昭和一四）年九月一日から毎月一日をそう呼ぶこと

当時の誌面に載った興亜パンの材料

ぜ合せ、一〇くらいに分けて軽く丸めます。

　これを、濡布《ぬれぶ》巾《きん》を敷いた蒸器の充分湯気の上ったところへ入れて一〇分ほど蒸すと、ふっくり割目のついた蒸パンが出来上ります。

に決められたのだ。戦場の苦労をしのんで質素に暮らす日として最初は「日の丸弁当」が奨励されたが、これでは米の消費量が上がってしまう。そこで翌年、節米運動がはじまると「せめてこの日だけは米なしで暮らそう」に変更された。まったく場当たり的である。

同じく場当たり的な「興亜パン作戦」も結局は机《き》上《じょう》の空論で終わり、あまり普及はしなかったようだ。栄養はあるかもしれないが、飼料に入れる魚粉などを加えたら、生臭くてとても食べられなかっただろう。

◆デパートの食堂でも節米メニュー

興亜パンがいかにもお役所的な発想なら、どんな事態になっても限られた条件のなかでおいしいもの

野菜はこれだけと定《きま》ったことはなく、小松菜でもキャベツでも何なりとお入れください。一人二つあてぐらいとし、スープ風のものをお添えになれば栄養も完全です。

（食糧学校・松島郁代／『主婦之友』昭和一五年一〇月号）

デパートの節米メニュー

■伊勢丹　鯨肉ライス

日が浅くてまだそれほど研究が出来ていませんが、洋食で一つ申上げましょう。材料は五人前で米（外米混入）二合五勺《しゃく》（三七〇g）、馬鈴薯《ばれいしょ》約一五〇匁《め》（五六〇g）、鯨肉《げいにく》一〇〇匁（三七〇g）、豚脂肉《ぶたあぶらみ》と玉葱各五〇匁（一八〇g）、塩、胡椒。

を、と考えるのがプロの料理人である。婦人雑誌にもおもしろい記事が載った。「東京八大デパート戦時食糧献立の腕くらべ座談会」（『婦人倶楽部』昭和一五年七月号）。東京に店舗をかまえる八つのデパートの調理主任が自慢の節米メニューを披露したもので、伊勢丹（鯨肉《げいにく》ライス）、高島屋（枝豆御飯）、東横百貨店（カレー御飯）、三越（卯《う》の花御飯）、松屋（大根御飯）、松坂屋（野菜ライス）、京浜百貨店（馬鈴薯《ばれいしょ》御飯）、白木屋（大豆飯）と、質素でうまい料理を競い合っている。

よく見ると、レシピにはいちいち「米（外米混入）」と書かれている。前にもいったように、このころは外米を混ぜた米しか手に入らなくなっていた。「米（外米混入）」とあるのは「一流デパートでも外米を使っているんですよ」というデモンストレーション

鯨肉はなるたけ細かに切ります。そして、臭みを消すために玉葱の卸《おろ》し汁大匙一杯、生姜の卸し汁茶匙一杯の中に一〇分間くらい浸けておきます。次に豚の脂肉を細かく切って、あまり強くない火で炒り、脂《あぶら》がすっかり出ましたら、玉葱の小さく切ったのと前の鯨を入れ、強火で一緒に炒めて塩と胡椒で味付けをします。

馬鈴薯は茹《ゆ》でて皮を剝《む》き、鍋の中で搗《つ》き潰《つぶ》し、この中へ普通に炊いた御飯を入れ、炒めた玉葱と鯨肉を加えて季節の野菜少量を茹でて刻んだのと一緒に混ぜ、皿か丼によそって温かい中《うち》に召上って頂きます。

これは一人前五勺（九〇g）くらいの米で済み、カロリーも標準に達していますし、一人前一四銭見当で作れます。

の意味あいもあったのかもしれない。

この座談会とちょうど同じころ、関西のデパートにもアイディア節米メニューが登場している。阪急百貨店は米の代わりにうどんを用いた「うどんずし」、そごうは「うどん入りのかき揚げ（うどん、じゃがいも、玉ねぎをいっしょに揚げたもの）」や「そばずし（ご飯の代わりにそばをのりで巻いたもの）」を「国策ランチ」の名前で食堂に並べたという（加藤秀俊ほか編『昭和日常生活史1』）。東京のデパートが混ぜご飯（増量法）一本やりであるのに対し、大阪のデパートがうどん（代用食）に向かうのは食文化の差だろうか。

デパートの食堂だけではない。節米運動を「国民食運動」として展開するために、このころは、あっちでもこっちでも独自の節米メニューを発表するの

私共の店では、薯《いも》を小さく切って御飯に混ぜたのでは、飯《めし》だけ食べて薯を箸で出してしまうお客さんが多いのです。それで薯を潰して混ぜたのです。

（伊勢丹食堂主任・太田春雄／『婦人倶楽部』昭和一五年七月号）

■高島屋　枝豆御飯

では私共の食堂で好評を頂いております枝豆御飯を申上げましょう。材料はやはり五人前で米（外米混入）五合（七五〇g）、剝《む》いた枝豆一合五勺《しゃく》（二七〇cc）、塩。

枝豆はなかなか剝きにくいですが、ちょっと茹《ゆ》でると割合容易です。これを米と一緒に、塩を加えて水加減をして炊き上げます。これも何かお汁《つゆ》があれば結構ですね。

がはやっていた。厚生省の「栄養食展覧会」、香川栄養学園の「国民食展覧会」、日本赤十字社の「戦時国民食展覧会」などである。ブームに乗って町のレストランや食堂も節米メニューを発表、「節米昼食。うまくて栄養満点。ご家庭でまねしてください」などと宣伝を兼ねた張り紙を出す店もあったという。

　しかし、そんな営業努力のかいもなく、この直後、一九四〇(昭和一五)年八月には、東京の食堂や料理店で米の飯を出すことが禁止され、販売時間も制限されるようになった。このときから東京のレストランや食堂は、ライスカレーもオムライスもカツ丼も、各店工夫の節米混ぜご飯も出せなくなってしまった。外食産業もラクじゃなかったのである。

(高島屋和食調理主任・大野恒吉／
『婦人倶楽部』昭和一五年七月号)

■三越　卯の花御飯

　色々と研究しましたが、卯《う》の花御飯が一番経済的のようですね。米(外米混入)一升《しょう》(一五〇〇g)に対して卯の花一〇〇匁《め》(三七〇g)、油揚三枚。

　油揚は繊《せん》に切って、卯の花と米を一緒に釜に入れ、水加減をして味の素があれば入れて炊き込みます。卯の花が上側《うわがわ》に浮いて容易に水が引きませんが、出来上ってからよく掻《か》き混ぜるとちょうどよく、冷めても外米の白い御飯のように不味《まず》くはありません。これなら一人前七銭くらいにしかつきません。

(三越和食調理主任・遠藤多三郎／
『婦人倶楽部』昭和一五年七月号)

なぜ米が足りなかったのか

◆米不足の原因は朝鮮の凶作だった

それにしても、なぜ日中戦争の時期に、急に節米が必要になったのだろうか。もちろん米が不足していたからである。しかし、なぜ米が不足したかまでは、知らない人も多いのではないだろうか。意外なことに、米不足の原因は必ずしも戦争ではなかったのだ。

節米が必要になった第一の理由、それは日本が慢性的な米不足に陥っていたことだ。

明治以降、米の消費量は上がり続けてきた。農業技術の進歩などで生産量も上がったために、なんとか生産と消費のバランスを保ってはいたものの、二〇世紀に入ったころ（明治三〇年代）から、国内生産

節米時代の主婦の心得

■もっと節米を実行しましょう

・節米と健康食

お米も確かに習慣で過食していることもあると思います。又正しい食品の配合がどういうものであるかを注意してみますと、量よりも質に於《おい》て健康食が得られることに気付きます。

・節米の目標

糧秣廠《りょうまつしょう》の発表によると、大体全国で一戸が一ヶ年三斗《と》（五四ℓ）、一ヶ月三升《しょう》（五・四ℓ）節米すればよいということになっています。一日に一戸で一合（一八〇㎖）ずつ節米するという割合になります。一合といえば一人の一食分ですから、それを節米することは容易《たやす》い筈だと思います。

だけではおぼつかなくなり、米の輸入がはじまった。インドやタイから輸入した外米（南京米）に頼ることになったのである。南京米は貧しい農民や労働者の主食になった（なんと米の生産者である農民は、しばしば米を売った金で自分たちは安い南京米を買い、それに麦やいもや雑穀を混ぜて食べていたのだ！）。

大正期からは、日清・日露戦争で日本の植民地下に入った台湾や朝鮮で米の増産が進められ、移入米（植民地の場合は輸入ではなく移入という）で不足分を埋めるようになる。一九三九（昭和一四）年前後を例にとると、国内消費量の約二〇パーセントが、台湾と朝鮮からの移入米でまかなわれている。こちらのほうは国産のうるち米に近い品種で、しかも価格は国内産より二―三割安かった。大正末期から昭和初期にかけて、都市の住民に白米が広くいきわたったの

・天引《てんびき》節米
毎日お米をとぐ前に天引して米量を計り、押麦《おしむぎ》などを混用するのは一番簡単な方法で、その上で更に節米するのが本気な節米です。
・代用食をしているといいながら
主食物よりも実は副食物の節約になっている場合が（麺、芋、豆類の用い方によっては）ありますので、節米のために栄養を落すことがないように注意しなければなりません。

（東京友の会食事部・澤崎梅子／『婦人之友』昭和一五年八月号）

は、台湾と朝鮮から入る米のおかげだったのだ。

しかし、国内の米の生産は伸び悩んでいた。昭和初期の恐慌《きょうこう》と厳しい小作料で、農民がどんどん都市に流れていたところへもってきて、台湾や朝鮮から来る安い移入米も農民の生産意欲を失わせた。

節米が必要になった直接の原因は、一九三九年の旱魃《かんばつ》で、朝鮮が空前の凶作《きょうさく》に見舞われたことだった。それで頼みの綱の移入米が、あてにできなくなったのである。しかも、このころには台湾でも朝鮮でも米の現地消費量が上がっていたから、いままで通りの移入量は期待できなくなっていた。

そこで政府は、東南アジアからの輸入米に再び頼ることにした。一九四〇(昭和一五)年に外米を混ぜた米が販売されたのは、そのためだったのである。

■戦時下の主婦のお台所の秘訣

・淅《と》ぐとき

一番粗末に扱いがちなのは淅《と》ぐときです。お水はあまり勢いよく出しすぎぬよう。七分搗《づ》きは白米と違って、ほんの二、三回さっとすすぐような気持で洗い、ごく徐《しず》かに水を替えると、無駄に流し去る心配がありません。

・お焦げの始末

七分搗き米は白米より水の引きが悪いため、終りに火をちょっと強めます。このときうっかりしていると、ひどいお焦げを作ってしまいます。もしお焦げができたら、それだけお釜に残して熱湯を注ぎ、ぷっと一煮立ちさせてお塩を一つまみ入れると、とても香ばしい風変わりなお茶漬けになります。あまりお焦げのひどくないときは、熱い

◆戦争の直前は「白米ブーム」だった

節米が必要になった二番目の理由、それは当時の日本人が驚くほどの量の米を食べていたことだ。

日本の歴史のなかで米の消費量がもっとも多かったのは、一九二一―二五（大正一〇―一四）年だ。栄養学の知識を説く食生活改善運動などの結果、昭和に入って一人あたり消費量は減ったものの、人口が増えた分、総消費量は上がり続け、一九四〇年（昭和一五）年ごろにピークを迎える。

そのころの年間消費量は一二〇〇万トン。一人あたり約一石《こく》一升《しょう》（約一五二キロ）。一人一日約三合（四五〇グラム）、都市ではもっと多くて約三合半（五〇〇グラム）の米を食べていた計算になる。三合、三合半と軽くいうけど、これはかなりの量なのだ。ご飯にすると、お茶碗で九―一〇杯分。一日三度、三

うちに塩を振って握っておくと、いつまでも不思議と固くなりません。

・干飯《ほしい》の利用

どんなにきれいに頂いたつもりでも、お櫃《ひつ》や御飯蒸《ごはんむし》を洗うと多少洗い流しの御飯が出るものです。これは細かい笊《ざる》に入れて、からからに干しておくと、いろいろ利用法があります。例えば、ざっと油で揚げてスープの実にしてもよいし、フライ鍋《パン》でふっくりするまで炒って、砂糖蜜のころもをつけると、子供向の美味しいお八つになります。

（三沢直子／『主婦之友』
昭和一五年三月号）

膳ずつおかわりをしていた勘定だ（余談だが、宮沢賢治の詩にある「一日ニ玄米四合ヲタベ」は多すぎるとして敗戦後の食糧難の時代に三合に書き換えられたという）。戦後の消費量のピークであった一九六二（昭和三七）年（一二〇キロ）の三―五割増、現在の消費量（六五キロ）の三倍近い。

白米ばかり食べていたのは、さっきもいったように、台湾や朝鮮から米が移入され、安い米が手に入りやすくなったからだった。興亜奉公日に「日の丸弁当」が質素だとして推奨されたのも、米が安かったからである。「三度三度、白いお米が食べられる」というのは日本人が長年夢にみた生活である。それが実現した当時は、いわば「白米ブーム」だったのだ。

節米が叫ばれたのは、このペースで米を消費し続

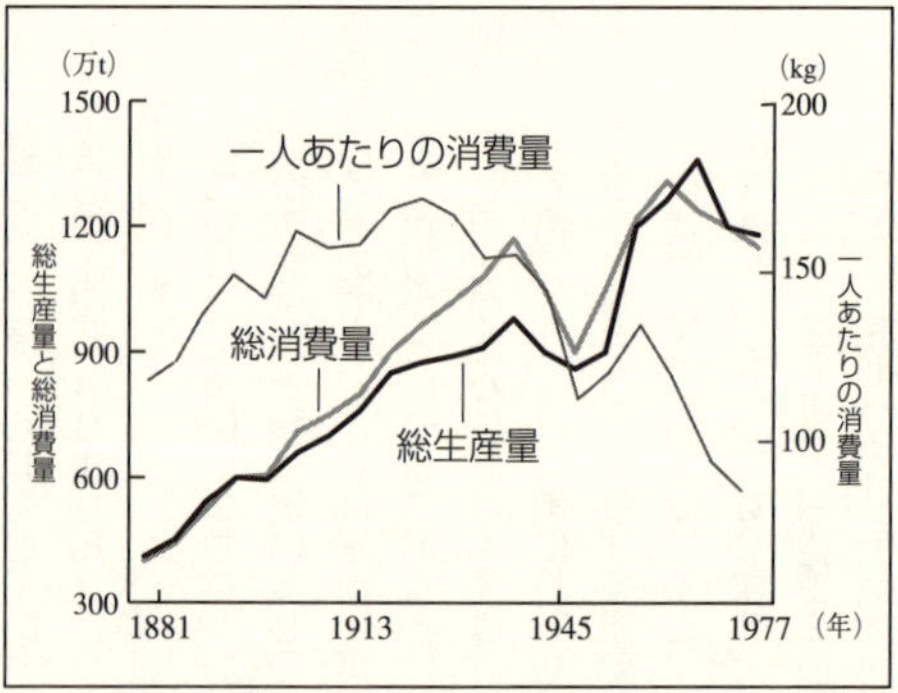

◀米の生産量と消費量

けたら、米不足がさらに深刻になることが目に見えていたからだ。と同時に栄養学的な問題もあった。当時の日本人はエネルギーの七―八割(現在は四割)、たんぱく質の三割(現在は二割)を米からとっていた。副食はちょっぴり。味噌汁と漬け物だけでご飯を三膳ずつ食べ続けたら、やがてビタミン不足になる。事実、ビタミンB_1不足による「かっけ」がよく問題になっていた。節米はたしかに食糧政策が破綻した結果だったが、栄養の面からも必要なことではあったのだ。

◆戦時中の米不足は輸送の問題だった

では、戦争は米にどう響くのだろう。戦争になれば、もちろん生産力は落ちる。農民が戦場や軍需産業に駆り出され、肥料なども不足するのだから当然

ハイカラな代用食の数々

■胡桃入り蒸パン

蒸パンも節米にはお誂《あつら》え向きで、御飯を炊くより簡単ですから、軽食などによくいたします。

材料は五人前でメリケン粉五合(九〇〇cc)、ベーキングパウダー大匙三杯、胡桃《くるみ》コップ一杯、水二合(三六〇cc)、砂糖大匙一杯、塩茶匙二杯、ほうれん草、人参。

分量の水に砂糖と塩を入れ、剝《む》き胡桃を擂《す》り潰《つぶ》したものへみじん切《ぎり》の野菜を加えてよく混ぜ合せ、メリケン粉とベーキングパウダーを篩《ふる》ったものを一度に入れ、粘りが出ないようにさっくりと混ぜて、濡布巾《ぬれぶきん》を敷いた蒸器で約二〇分ほど蒸します。

だ。

しかし、政府が心配していたのは、そういうことではなかった。米を国外に頼っていた日本にとって、最大の問題は米の輸送だったのだ。当時、政府は米の総消費量を八〇〇〇万石(一二〇〇万トン)、国内総生産量を六〇〇〇万石(九〇〇万トン)と見積もっていた。いままでのペースで消費し続ければ、差し引き二〇〇〇万石(三〇〇万トン)を輸入米と移入米で補う必要がある。二割五分の節米をという呼びかけは、この分を減らせという計算にもとづく。

『臣民の道』(文部省発行・一九四一年)という冊子には、不足する二〇〇〇万石という数字を踏まえて「この分を外米及び外地米を輸入すると一万噸《トン》の船が三〇〇隻《せき》必要になります」と書かれていたという。外米輸入をやめてその分を軍需品材料の輸入にふり

油を入れる場合は粉一〇〇匁《もんめ》に対して油大匙一杯、メリケン粉にそば粉や黄粉《きなこ》を混ぜる場合は大体二割見当です。

また、御飯が足りない場合、わざわざ炊くのも時間がないときなど、お冷御飯を入れた蒸パンもたいへん重宝でございます。

このような蒸パンのお惣菜としては、朝は味噌汁も結構ですし、時折は黄粉《きなこ》の豆乳も美味しいものです。これはお砂糖を使わないで、淡《うす》い塩味で頂くのも風味がよく、一合ぐらいのお湯に大匙一杯半程度の黄粉と、茶匙半杯ぐらいの塩を加えてかき回すだけでよろしいのです。

(筒井みつ子/『主婦之友』昭和一六年六月号)

むければ、アルミニウム原料ならば飛行機が二五〇〇機分も、鉄鉱石なら一万トン級の巡洋艦《じゅんようかん》が一〇〇隻分も運べる、というのである（山中恒『暮らしの中の太平洋戦争』）。「外米の輸入を止めれば、これだけの戦力が生まれるのだ!!」「米は飛行機だ、弾丸だ」というスローガンはむなしい机上の空論だが、政府がそのように考えていたのは本当だろう。

一九九三年、冷夏《れいか》の影響で日本が戦後最悪の米不足になり、タイなどからの輸入米で助けられたのをおぼえているだろうか。戦前の日本はいつもあんなふうだった。「豊葦原《とよあしはら》の瑞穂《みずほ》の国（みずみずしい稲が実る美しい国）」なんてウソばっかり。近代日本は国外の米に頼ってやっと食糧を確保していたのである。

そんな状態で戦争をはじめること自体、無謀というしかないけれど、節米さえ実行できれば食糧はな

■馬鈴薯のハッシュ

焼きたての熱いのを、味噌汁をすりながら頂くのは、うすら寒い朝には何よりです。

馬鈴薯《じゃがいも》は塩茹《しおゆで》にしてよく水気をきったら、擂木《すりこぎ》で突きつぶし、温いうちに玉子一個を割り入れて手早くかき混ぜ、ちょっと塩味をしてから、油を引いたフライ鍋《パン》を火にかけ、鍋いっぱいに材料を入れて平《たいら》にならし、焦目のつくまで焼きます。片方も同じように焼き上げたら、お皿にとって食卓で切り分けて頂きましょう。

時には挽肉と玉葱の炒めたのをトマトケチャップで和えてつけ合せたりしますが、子供達は大歓迎です。

（伊福部敬子／『主婦之友』昭和一五年一一月号）

んとかなると国の指導者は楽観的に考えていたようだ。婦人雑誌にも、呑気《のんき》な談話が載っている。

〈瑞穂の国といわれる我国は、戦時下でも欧州諸国のような食糧欠乏に悩まされることはありませんが、しかし、その幸福に安んじて安穏《あんのん》としては居られません。天候の良否による米の減産にもびくともしない用意は、平素から米以外の穀物を常食することにも慣れておくことです〉(糧友会食糧学校主事・金子竹松/『婦人倶楽部』昭和一五年六月号)

しかし、まもなく、国内の米の生産量も落ち、こんなきれいごとをいってはいられなくなった。

◆米の配給制度がはじまった

米の本格的な統制がはじまったのは、日中戦争が泥沼化した一九四一(昭和一六)年ごろからだ。

■ペリメニ

材料(中身)(五人分) 交挽《あいび》き肉一五〇g、豚脂《ぶたあぶらみ》(挽いたもの)七五g、玉葱小一個(みじん切り)

以上をよく交《ま》ぜ合せて、水カップ四分の一を入れてなおよく交ぜ、塩、胡椒で味をつけておきます。

材料(皮) メリケン粉カップ三杯半、玉子一個、水カップ一杯、塩小匙一杯

以上を交ぜてよくよく捏《こ》ねます(うどんのように)。長い棒に丸め、切り飴のように切り、一つ一つを直径約三センチくらいの丸さに薄く伸ばして前の肉を包み、柏餅のように両端を合わせ、全部で五-六〇個作り、煮立った湯の中に入れてよくゆでます。浮き上がってからもしばらく煮て、そのスープに塩味をつけて、スープと共に皿に

一九三九（昭和一四）年から、米の直接統制はすでにはじまっていた。米不足になれば、米の価格はどんどん釣り上がる。そこで政府は、米の買い占めや売り惜しみを防ぐため、この年の一一月から、決まった価格で農家から米を強制的に買い上げ（供出という）、決まった価格で国民に払い下げることにした。以来、米は自由に売買できる商品ではなくなった（政府は統制の強化と徹底をはかって一九四二年に食糧管理法を定め、この法律は一九九五年に廃止されるまでつづいた）。

一九四一年四月には、限られた量の米を平等に分配するため、六大都市（東京・大阪・名古屋・京都・神戸・横浜）で米の配給通帳制度がはじまった。やがてこの制度は全国にひろがる。

配給通帳制度の下では、一人あたり決まった量の

入れて、酢、塩、胡椒などで味をつけて頂きます。

（西富貴子・グリゴリエフあや子／『婦人之友』昭和一五年一月号）

■イタリー風のうどん料理

魚の切身を少々使って目先を変えた、東横グリル自慢のイタリー料理です。蛋白質《たんぱくしつ》もカロリーも一品で充分。煮込みうどんに飽き飽きなさった方にも無条件で喜ばれましょう。

材料は五人前で魚（何の魚でもよい）五切《きれ》、玉子三個、茹《ゆで》うどん、玉葱、トマトなど。

フライ鍋《パン》にバタを溶かしてみじん切《ぎり》の玉葱を炒め、次に賽目《さいのめ》に切ったトマト、うどんの順に炒めて、トマトから味の出たところで塩、胡椒で味を調え

米しか手に入らない。一一歳から六〇歳までの一人一日あたりの配給量は二合三勺《じゃく》（三三〇グラム）。それまでの平均消費量が一人一日三合（四五〇グラム）だったことを思うと、二割五分も減らされたことになる。

しかし、配給通帳制度にはいい面もあった。それまで米をまともに食べられなかった貧しい農民や労働者にも、米が平等に分配されるようになったのだ。

都市と農村の間に見られる食事の格差、とりわけ農村に栄養が不足していることを、政府も自覚していたのである。そのため国の栄養指導者は、節米運動と平行して、国民の意識改革にもじつは乗り出していた。

ます。

別に、魚は一人前一〇匁《め》（四〇g）ほどの切身を刺身のように薄く二つに切って塩、胡椒し、玉子は一人半個あての割でほぐし、切身を玉子に浸して熱したフライ鍋に入れ、魚に火が通ったら残りの玉子を一面に上から流し、裏も返してよく焼きます。

深目の器に炒めたうどんを小高く盛り、魚入りの玉子を上にのせて、熱いうちに好みのソースをかけて召上ってください。鯖《さば》とか鰯《いわし》のようなくせのある魚でしたら、初めに夏蜜柑《なつみかん》の汁を振りかけてから使いますと、臭みも消えてお味もよくなります。

（細渕洋三／『主婦之友』
昭和一六年六月号）

栄養基準という皮肉

◆一日に必要な栄養素が決められた

国民が健康を維持するために、一日にどのくらいのエネルギーと栄養素をとったらいいか、その目標となる数値を「栄養所要量」という。この栄養所要量の元祖ともいえる「国民食栄養基準」が日本ではじめて決められたのは、戦時中、一九四〇(昭和一五)年一一月のことだった。国民が健康でなければ総力戦は戦えないという判断だったのだろう。

具体的な数値は、中程度の労働をする成人男子(二一—六〇歳)の場合で、一日二四〇〇キロカロリー(女子は男子の八〇パーセントで一日二〇〇〇キロカロリー)。たんぱく質が一日八〇グラム。ちなみに現在の栄養所要量の数値は二三〇〇—二六五〇キロカ

国民食の呼びかけ

■都会と農村の献立

国民のすべてが一様に完全な栄養を摂って、働く人は充分の働きをし、母は優良な子を産み、健康な第二の国民に仕立てることが、今の日本にとって一番大切なことなので、私共は国民食ということを提唱して、基準となる要求量だけは一通り決定を見たのです。

右の趣旨の下に、都会向と農村向の理想的な栄養献立を御紹介しますから、これを参考として取合せよく毎日の献立をお作り下さい。

▲都会向の献立

・朝　味噌汁・きんぴら牛蒡《ごぼう》・漬物
・昼　うどん汁・薬味
・夜　清汁《すまし》・鯖《さば》のハンバーグ・漬物

ロリー、たんぱく質七〇―八五グラム（「適度な生活活動強度」の一八―六九歳の男子の場合。数値の幅は年齢によって数値が異なるため。「第六次改定日本人の栄養所要量」による）だから、いまとはとんど変わりない。

かくて食糧報国連盟の指導の下、「国民食運動」がはじまった。「国民食」の基準に沿った一日の献立を考えようとの趣旨である。特に動物性たんぱく質が足りない農村での指導に力が入れられた。下段に紹介したのは婦人雑誌に載った「国民食」の献立の一例だ。一汁一菜《いちじゅういっさい》を基本にした簡素な献立ではあるものの、必要な栄養素がとれるよう考えられている。

ただし、国民食は皮肉な結果を招くことになった。発想は悪くなかったが、時期が悪すぎたのである。

▲農村向の献立

・朝　里芋と大根葉の味噌汁・いなごの佃煮・漬物
・昼　栄養味噌パン・漬物
・夜　打豆飯《うちまめめし》・ごった汁・漬物

（食糧報国会常務理事・中澤弁治郎／『主婦之友』昭和一六年一二月）

■一週間の献立

国民食栄養の標準に従って献立を立てようとする時に、それがただ蛋白質《たんぱくしつ》、熱量を満たし得る材料の羅列ばかりでなく、最低の物資で、日本の国民食として高い文化をもつものでありたいと思います。

▲春の献立

・日曜　昼／パン・野菜
　夜／煮つけ（焼蛤《やきはまぐり》・野菜・高

国民食を指導するための紙芝居．1日3度バランスのよい献立の食事をとることが提唱されたが，それもやがて絵に描いた餅になる

野豆腐など）・清汁《すまし》
・月曜　昼／野菜汁（若布《わかめ》・筍《たけのこ》など）
　　　　夜／魚フライ・新じゃが芋
・火曜　昼／隼人汁《はやとじる》（鳥と野菜）
　　　　夜／春の酢めし・清汁
・水曜　昼／煮込うどん
　　　　夜／焼魚・野菜和え物
・木曜　昼／卵とじ（莢豌豆《さやえんどう》など）
　　　　夜／蒸パン・支那風煮込（筍、魚、肉など）
・金曜　昼／雑炊
　　　　夜／春の揚げ物
・土曜　昼／魚酢蒸し・野菜サラダ
　　　　夜／白ソース煮（挽肉、筍など）

（『婦人之友』昭和一六年二月号）

◆現実とかけ離れた理想論

国民食は、一日に必要な食品の種類別の量も提示した。主食は一日五〇〇グラム（米が四〇〇グラム、麦と雑穀類が一〇〇グラム）、肉や魚などの動物性たんぱく源は一日一〇〇グラムというように。

しかし、さっきも述べたように、当時の日本は米不足。国民全員が一日四〇〇グラムの米を食べることなど、実際には不可能だった。だからこの半年後に実施された配給でも、米は三三〇グラムに抑えられたのである。米だけではない。ありとあらゆる食品が、まもなく不足しはじめる。国民食は一日に必要な栄養素という概念を植えつけただけ。現実とかけ離れた単なる理想にすぎなかった。そして日本の食生活は、このころから破滅への道を歩みはじめるのである。

3 お台所の戦闘配置

太平洋戦争下のレシピ

配給の米が玄米になり，どの家庭でも玄米を一升瓶に入れてついた

配給時代の食生活戦争

◆太平洋戦争がはじまった

節米《せつまい》料理が流行し、米の配給通帳制度がはじまったとはいっても、一九四一(昭和一六)年までの料理ページにさほど大きな動揺や変化はない。

〈いよいよ時局の重大さの加わるにつれ、毎日のお惣菜《そうざい》も今まではぐっと心構えを変えて、何でも手に入る材料を工夫して、できるだけ栄養本位に、しかも美味しく簡単にできるものでなくてはなりません〉(『主婦之友』昭和一六年九月号)

といった心構えこそ繰り返し述べられてはいたものの、肉も魚も野菜も当たり前に登場し、バラエティに富んだ料理が以前と変わらず誌面を飾っていた。

婦人雑誌の料理記事ががぜん緊張感を増すのは一

主婦も臨戦体勢

■火の玉となって活躍せよ

今や皇軍は海に陸に大勝を博し、破《は》竹《ちく》の勢いで進撃して居《お》りますが、私たちはどんな艱《かん》苦《く》欠乏にも堪えて銃後を護《まも》り通さなければなりません。あらゆる方面に火の玉となって活躍すると共に、食事体制も節米と栄養と保存食を充分に考慮することが必要と思います。

(『婦人倶楽部』昭和一七年二月号)

■主婦に課せられた責任

いかなる長期戦も覚悟のうえで、決然起《た》ち上った一億国民には、物の不足も不自由も、もはや問題ではなくなりました。

今後配給制はますます強化され、限

九四二（昭和一七）年、戦争が第二の局面（満州事変から数えれば第三の局面）に突入したころからだ。一九四一年一二月八日、日本軍はハワイの真珠湾を奇襲攻撃し（日米開戦）、太平洋戦争（日中戦争とあわせて大東亜戦争と呼ばれた）がはじまったのである。

銃後《じゅうご》を守る人々にも、いっそうの戦争協力と耐久生活が求められた。軍需に回す金属を集めるために「金属類回収令」が出て、子どものおもちゃからお寺の鐘まで金属製品が供出させられたりもした。

日本政府は太平洋戦争を「自存自衛（列強の支配を退《しりぞ》けて国が自立すること）」「大東亜共栄圏建設」と位置づけていたが、実際には日中戦争が泥沼化し、軍需物資の枯渇《こかつ》を補うために、石油、鉄鉱石、ゴム、ボーキサイト（アルミニウムの原料）などの資源を南方に求めたことが大きかったともいわれる。

られた材料しか手に入らないであろうことは、当然予想されますが、料理の根本を会得し、いかなる場合にも栄養と経済の両面から物をよりよく生かすことを研究し、常に家庭を明るく健康に保ってゆくことが、主婦に課せられた大きな責任だと思います。

（『主婦之友』昭和一七年二月号）

金属不足のため、アイロンや湯たんぽまで陶製のものが作られた

真珠湾攻撃とその二日後のマレー沖海戦で米英に打撃を与えた後、日本軍はしばらく快進撃を続け、開戦から半年ほどの間に、フィリピン、インドネシア、マレーシア、ビルマといった東南アジア一帯から南太平洋の群島にいたる広い地域を占領した。

国民がこれを歓迎したのは、日中開戦（盧溝橋事件）のときと同じである。一月のマニラ陥落《かんらく》、二月のシンガポール陥落、三月のラングーン陥落。いずれのときも、国内では戦勝を祝う提灯《ちょうちん》行列が行われた。

内心、生活の不安がなかったはずはない。しかし、このときもまだ、人々はことの重大さに本当には気づいていなかったのである。

◆配給の行列に四時間半

配給時代の主婦の知恵

■配給食料の使い方工夫

▲肉

・一回の配給肉を何度にも

配給の肉は一度に頂いてしまわないで、幾度にも利用しましょう。まず大《おお》切《ぎり》のままを少しの油で焦目《こげめ》のつくまで炒め焼《やき》にし、湯をひたひたに加えてしばらく煮込んで美味しいスープをとり、肉を取り出し、あとのスープにいろいろ季節の野菜を加えて煮込みます。

肉はそのまま二-三日は保《も》ちますから、次のようにして二度にも三度にも使いましょう。

・少しの肉を多く使うには

挽肉《ひきにく》にするか細かく切って、たっぷりの野菜と混ぜ合せ、メンチボール風

さて、銃後の生活はというと、太平洋戦争がはじまるころには米だけでなく、食料品も衣料品も燃料も、ほとんどの生活必需品が配給制に移行していた。料理ページにも配給を前提にした記事が増えてくる。

配給制とは、前章でも述べたように、限られた物資を国民に公平に分けるための制度で、配給切符制、割当《わりあて》配給制とも呼ばれる。むろんタダではない。お金もちゃんと払うのだ。ただ、好きなものを好きなだけは買えない。配給制の下では、品目ごとに一人あたりの購入量が決められ、世帯単位で交付された切符（プラス現金）と引きかえに（米の場合は通帳に印鑑を押してもらうのと引きかえに）一回分を購入したら、次の配給日までは、その量でしのがなければならない。

米に先立って、一九四〇（昭和一五）年には、砂糖

の炒め焼にしたり、コロッケとかキャベツ巻、チャプスイなどにすれば、少しの肉で多勢《おおぜい》頂くことができます。

また、シチューとかさつま汁、カレーライスなども結構です。

・硬い肉を軟く

酢を滴《たら》して煮込むと、早く軟くなります。

▲魚

・足りないとき

叩いて丸めるか小さい賽目《さいのめ》にし、野菜と一緒にシチューとか支那風《しなふう》の炒め物に。または摺身《すりみ》にして、みじん切《ぎり》かおろした野菜を混ぜ込み、平《ひら》くして炒め焼《やき》に。

また一切を二つに切って、蒸すか炒め焼にし、野菜餡《やさいあん》をたっぷりかけると

とマッチがいち早く配給制になった。同じ年に家庭用燃料(木炭・豆炭・練炭など)、育児用の乳製品、牛乳などが配給制になり、翌四一(昭和一六)年には、人々にショックを与えた米の配給通帳制に続き、小麦粉、酒、食用油、卵、魚など、重要な食品がつぎつぎと配給切符制になった。

配給制は市町村単位で実施されたので、地域によって実施の時期や配給量はまちまちだったが、次ページの表でもわかるように、一九四二(昭和一七)年までには、塩、醤油、味噌、野菜など、生鮮食料品も含めてほとんどの食品が配給制に移行している。

決まった量が平等に購入できるならいいじゃないかと思うかもしれないが、配給生活の困難は私たちの想像をはるかに上回るものだった。

なんといってもたいへんなのは、食料品の購入の

いうふうに工夫しましょう。

・少い魚を栄養的に

鰯《いわし》などの小魚は擂身にして、頭も骨も全部食べるようにすれば、少い配給の魚でも充分栄養を保つことができます。

骨をとった場合はよく洗って、焦《こが》さぬように焼き、擂鉢で擂りますと、カルシウム分に富む魚粉《ぎょふん》が作れます。

粉にできない硬い骨は、いったん焼いてから天日に干し、必要なとき水から煮出すと、鰹節《かつおぶし》や煮干代りとして重宝です。

「魚の骨は擂って魚粉に」
(当時の挿絵)

表　おもな配給切符制度(東京市の場合)

品名	開始時期 (年.月)	割当量など
砂糖	1940.6	家族15人まで1人0.6斤(約360g) 家族15人以上超過1人につき0.35斤
マッチ	1940.6	2か月あたり　家族1〜6人　小型1箱 家族7人以上　大型1箱
育児用乳製品	1940.11	生後1か月未満　粉乳3缶　煉乳12缶 1〜2か月　〃4缶　〃16缶 2〜6か月　〃5缶　〃20缶
米	1941.4 配給制度の公布は1939.4	1日あたり数え年1〜5歳=120g 6〜10歳=200g 11〜60歳=330g(2合3勺) 61歳以上=300g 他に外食券あり
小麦粉	1941.4	家族1人(自炊者)=50匁/2〜3人=100匁/4〜7人=150匁/8〜15人=200匁
酒類	1941.4	酒=1世帯につき4合 ビール=1世帯につき2ないし4本
燃料	1941.4	家庭用燃料の木炭・豆炭・穴あき練炭が対象
食用油	1941.6	3か月あたり1人(自炊者)2合/2〜3人=3合/4〜7人=5合
卵	1941.10〜12	2人あたり1個
魚	1941.11	1人1日あたり丸30匁．切り身20匁
菓子	1941.12	1か月あたり数え年2歳以下=乳児菓子2袋(30銭)/3歳以上30〜60銭
塩	1942.1	1か月あたり家族20人まで1人につき200g/家族20人以上超過1人につき150g
醬油・味噌	1942.2	1か月あたり醬油=1人3合7勺(約660cc) 味噌=1人183匁(670g，1日あたり6匁)
パン	1942.5	妊産婦・幼児に1か月あたり1食(菓子パン3個)
青果	1942.11	1人あたり60〜70匁．入荷量によって調整

ためだけに、毎日多大な労力を割《さ》かなければならないことだ。配給は小売店に委託されたり地域ごとに指定された配給所で行われたが、家族のだれかが必ずここに並ばなくてはならない。評判の店に行列するのとはわけがちがう。限られた食材を買いそこねたら一巻の終わり。食べるものがなくなるのだ。

野菜の配給は平均して二日に一度、魚の配給は三日に一度。ほかの食材や生活物資も含めたら、ほとんど毎日、どこかに並ぶ必要があった。その時間たるや一日二時間、ある調査では四時間半にも及んだという。そうやって長い時間行列を繰り返しても、店のなかには売り惜しみをしたり、量をごまかすところもあったというから、うかうかしてはいられない。

一家の食卓をあずかる主婦には、さらに細かい悩

▲玉子

・一個の玉子を二個に使うには

オムレツや玉子焼をするようなときには、玉子一個につき生大豆粉か小麦粉(塩一つまみ入れる)大匙一杯を玉子と同量の水で溶いて加えますと、倍量に増えます。

これに、くずした豆腐とか卯《う》の花があったら加え、野菜をたくさん刻み込んで焼けば、二-三個で五人前は充分できます。

生大豆粉の代りに大和芋《やまといも》をおろし込んだり、片栗粉茶匙一杯を水溶きして加えるなど、手近なもので応用なさいませ。

▲小麦粉

・節約するには

みもあった。〈材料を手にしたうえでなければ献立《こんだて》も考えられない昨今《さっこん》のお台所にとって、手許《てもと》の品をいかに効果的に扱うかは、切実な問題です〉(『主婦之友』昭和一七年一〇月号)といったことばにもそれはあらわれている。まとめれば、こんなふうになるだろうか。

・量が少ない。
・同じものばかり配給される。
・予定とちがったものが配給される。
・行ってみるまで何が配給されるかわからない。
・生鮮食料品の鮮度が低い。

種類が少なく、量が少なく、質も悪い。配給時代の食生活とはどんなものだったのだろう。

天ぷらのころもやシチュー、うどん、蒸パンなどには、生大豆粉とかそば粉、玉蜀黍《とうもろこし》粉など手に入る粉を混ぜると、小麦粉の節約になるうえに、お味も栄養もかえってよいのです。

・小麦粉いらずのライスカレーの工夫

ライスカレーやシチューには、材料が軟くなった時分《じぶん》に、中身の馬鈴薯《じゃがいも》を二つ三つ潰《つぶ》して混ぜ合せると、汁がとろっとして、小麦粉の必要もありません。

(以上、『主婦之友』昭和一七年一一月号)

たんぱく源を結集させろ！

◆来る日も来る日もいか料理？

一九四二(昭和一七)年のレシピから見てみよう。

食生活のなかで、主食と同じくらい重要なのは、肉、魚、卵、大豆食品などのたんぱく源だ。

まっさきに割をくったのは肉である。日米開戦以前から肉はぜいたくだという観念は広まっていた。一九四〇(昭和一五)年ごろから各地で毎月二回の「肉なしデー」が設けられ、この日には精肉店は休業、レストランや食堂でも肉のメニューが出せなくなったのだ。配給制に変わってからも、肉の配給は月に一度。量も一人一〇匁《もんめ》(三七グラム)という少なさで、とうていあてにはできなかった。卵の配給は二人で一個。それもやがて粉末の「乾燥卵」にとっ

戦時食材の雄・いか料理

■烏賊と剝豌豆の餡かけ丼

烏賊《いか》と剝豌豆《むきえんどう》のさっぱりした季節の丼です。丼に盛ると御飯の分量も定《きま》るうえにお替りの手も省けるので、大家《おおか》内《ない》には何よりです。

材料は五人前で烏賊二尾《ひき》、剝豌豆二合(三六〇cc)ぐらい、海苔少々。

烏賊は足を抜いて胴を開き(足は別にとっておく)、皮をきれいにむいてから、布目《ぬのめ》に包丁を入れて一口くらいに切り、別に砂糖茶匙二杯、醬油大匙五杯と、あれば酒茶匙二杯ほど合せてちょっと煮立てたたれにしばらく浸けておきます。これを金網でさっと焙《あぶ》り、二-三回たれを刷《は》きつけて香《こう》ばしく焼き上げます。

て代わられた。これは水でもどすために一時間半、それをさらにすり鉢でなめらかにしないと使えないようなしろものだった。

となると、主たるたんぱく源は魚介類だ。とはいえこれも、けっして十分ではなかった。

魚介の配給は三―四日（ときには六日）に一度。肉に比べれば確実だが、魚屋さんに何時間も並んでやっと手に入れた魚は一人一日二〇―三〇匁（七五―一一二グラム）。いわしのような小魚なら一人分一―三尾《び》、切り身なら五人で三切れ程度である。

種類も限られていた。戦争中のレシピに登場する魚介類のチャンピオンは「いか」である。

〈蛋白源《たんぱくげん》としては近海で捕《と》れるイカぐらいしかなく、来る日も来る日もイカばかり続くので、町の人達は共同炊事のことを、「イカ炊事」と呼んでいた〉

豌豆は莢《さや》から出してたっぷりの煮出汁《だし》で煮込み、濃目《こいめ》の吸味《すいあじ》程度にして用意の烏賊を入れ、葛粉《くずこ》か片栗粉の水溶きを流して、とろりと煮返します。

次に出来たての御飯を釜からすぐに丼に入れ、具をたっぷりかけて、揉み海苔を振ってすすめます。

（大阪・美世千鶴／『主婦之友』
昭和一七年五月号）

■烏賊の巻揚

配給の玉子二つに中くらいの烏賊《いか》三ばいで、五・六人の家族が大喜びの巻《まき》揚《あげ》ができました。

烏賊は皮をむいて身を開き、擂木《すりこぎ》で叩くか包丁でこそげ、擂鉢《すりばち》に移して粘りの出るまで充分擂ります。

この中に、烏賊の足と莢豌豆《さやえんどう》、人参、

（大阪府・宮脇宏三『別冊中央公論2　親が子に残す戦争の記録』所収）なんていう証言まであるほどだ。

いか（スルメイカ）は昭和一〇年代（一九三〇年代後半）に漁獲高が急に伸びた食材だ。石油発動機を備えた動力船が使われるようになり、広い海域に出られるようになって漁場が拡大したのである。一九四〇年の漁獲高は約一七万トン。この年から漸減《ぜんげん》し、終戦の年には一〇万トンにまで落ち込むものの、いかは日本海岸でも太平洋岸でもとれたし用途も広い。戦後の食糧難の時代にはいか釣り船が激増、漁獲高が戦中の五倍以上に跳ね上がったほどである。期待されるたんぱく源だったことはまちがいない。

しかし、冷凍技術が発達していなかったこの当時、刺身《さしみ》にできるほど新鮮ないかが手に入ることはまれだ。戦時中のシーフード料理は、原則としてすべて

葱、筍《たけのこ》など有合《ありあわ》せの野菜をみじん切《ぎり》にしてたっぷり（烏賊の半量から同量くらいでもよい）混ぜ込んで、つなぎに小麦粉を大匙二‐三杯加え、塩味をつけます。

玉子はよくほぐして、一割くらいの水で伸《のば》し、塩一つまみ落して、油を引いた玉子焼鍋（フライ鍋《パン》でもよい）で薄く焼き、これを俎《まないた》の上に拡げて小麦粉をぱらっと振り、烏賊の擂身《すりみ》を一面に伸して、端からくるっと巻き、巻き終りは水溶《みずどき》の片栗粉を塗って押えます。

なお、二‐三ヶ処楊枝《しょようじ》で止め、両端には小麦粉をまぶして蒸器に入れ、七‐八分蒸して取り出し、フライ鍋《パン》に少しの油を熱した中に転がして、からっとさせます。端から五分《ぶ》（一・五㎝）厚さに切って皿に盛り、春菊のお浸し

火を通したものである。五人で二はいが基準だったから、いかの調理法は大勢で分けて食べられるものに限定された。開いて小さく切るか、すり身にして挽《ひ》き肉のように使うかだ。わたしももちろん使い切る。

〈袋からしぼり出し、火にかけ、醤油、塩、砂糖などで好みの味をつけてから、白菜、青菜の茹《ゆ》でたものに和《あ》えても、すり胡麻代用になり大変おいしく頂けます。また、わたの中の「しらこ」はさっと茹で、吸物または味噌汁の椀種《わんだね》にしても結構です〉

(『婦人之友』昭和一七年二月号)といったぐあい。

するめやのしいかの形で配給される場合も多く、これも調理に非常食にと大活躍した。

◆「剝身」という名の代用肉

シーフードではほかに目立つのは「剝身《むきみ》」と記され

でも添えましょう。

　玉子一個の中に、生大豆粉大匙一杯を大匙一杯半の水に溶いて混ぜ合せると、玉子が節約できます。烏賊の代りに鮫《さめ》でもよい。
▲烏賊の信田《しのだ》巻《まき》、葛餡《くずあん》かけ＝中身は巻揚と同じですが、玉子の代りに開いた油揚で巻き、蒸したてを小《こ》口切《ぐちぎり》にして、薄い葛餡をとろりとかけたのも日本風のお味で、お年寄などにはことに喜ばれます。
(近藤富士／『主婦之友』
昭和一七年四月号)

る食材だ。これは殻《から》を外した貝のむき身のことで、もとはといえばあさりのむき身を指す。

〈私共の方は昔から貝の本場で、今でも剝身だけは割合《わりあい》自由に手に入ります。剝身のかき揚は家中の大好物ですが、材料が少いときは丼にします。丼にすると五人前はできるのでとても経済です〉（渡辺喜美子『主婦之友』昭和一七年九月号）

といった主婦の声が紹介されているのを見ても、ポピュラーな食材だったことがわかる。貝の強みは、なんといっても海岸近くで手軽に採集できることである。縄文時代の貝塚の例でもわかるように、海に囲まれた日本では、大がかりな漁のいらない貝類がいちばん手近な動物性たんぱく質なのである。

困ったときの貝頼み。殻をむいて配給されたのは、輸送時の重さを軽減するためだ。重さではなく体積

むき身の料理

■剝身と里芋のカレーライス

剝身《むきみ》に里芋、こんにゃく、人参、葱などの平凡なお煮〆《にしめ》の材料で、美味しいカレーライスができました。馬鈴薯《じゃがいも》代りの里芋から充分に粘りが出ますから、配給の小麦粉は大助かりです。

剝身は浅蜊《あさり》でも蛤《はまぐり》でもよく、五人前で一合（一八〇cc）もあればよいでしょう。里芋は皮をむいて賽目《さいのめ》に切り、こんにゃくは茶碗の縁《ふち》で一口ぐらいにちぎり（切るより味が沁みやすい）、葱も人参も適宜に切っておきます。

深鍋に、炒めるよりやや多目の油を煮立て、材料を硬いものから順に炒めて水を被《かぶ》るほど注《さ》し、煮立ったら火を弱めてゆっくり煮込みます。剝身は永《なが》

(合)単位で計量されており、地域によっては干し貝だった可能性もある。貝は腐りやすいのが難点だが、乾燥させれば長期保存も可能になる。

問題は貝種で、これはもう、あさり、はまぐり、しじみといったポピュラーな貝だけに限定されるものではなかった。あおやぎ(バカガイ)や平貝(タイラギ)はいまでも主にむき身で流通しているし、さざえ、ばい貝などの名で売られている巻き貝のむき身には、別種の貝の場合が少なくない。まして戦時中とあれば、地元だけで消費されていた貝や、ふだんは食用にしない海水棲や淡水棲の多様な貝が含まれていた可能性が高い。たとえば戦前の東京湾や大阪湾にはムール貝(ムラサキイガイ)に似たイガイが山のように棲息《せいそく》し、地元だけで消費されていた。平時には商品価値がなかった、そんな貝の出番もあった

く煮ると固くなりますから、野菜が煮えて味つけ一歩手前で入れると、軟くて美味しいのです。

次にカレーの味をつけますが、だいたい里芋の粘りでどろっとしていますから、手早くカレーの素《もと》(印は何でもよい)を水溶きして流し、味を見て塩、胡椒で補います。

(瀬川妙子／『主婦之友』昭和一七年三月号)

はずだ。

下ごしらえの手間がいらない「むき身」は主婦にとっては便利な食材だった。もっとも味がよくなかった証拠に、貝の味わいを生かした調理法ではなく、細切《こまぎ》れ肉の代わりにカレーやシチューに加えるなど、完全に「たんぱく源」としての扱いだ。「はまぐりの××」「平貝の××」という料理名がついてはいても、「むき身なら何でもよい」と注意書きのついたレシピがほとんど。用途は「代用肉」に近い。いかでさえすり身にするような食生活の中で、たとえ味はなくても、貝の歯ごたえは嬉しかったにちがいない。

◆めざしの蒲焼き、さめのステーキ

魚の中で筆頭にあがるのは、いわしである。漁獲

■葛煮

材料（五人前）　剝身《むきみ》二合（三六〇cc）、白菜半株、葱二本

応用材料　貝類の代りに干鱈《ひだら》、白子干《しらすぼし》でもよく、野菜はキャベツ、もやし、人参、あれば椎茸など

剝身と白菜のお味がぴったりとして、大人にも子供達にも評判のよいお惣菜です。

何の剝身でも結構ですから笊《ざる》に入れ、淡《うす》い塩水で手早く振洗いして水気をきり、野菜は白菜のほか、あるものをそれぞれ適宜に切って油少量で炒めますと、白菜から水気がたっぷり出てきますから、そこへ剝身を入れてさらに炒め、野菜がしんなりしたところで塩、胡椒し、最後にとろりと葛引《くずび》きにします。好みで七味《なないろ》とうがらしを振って頂

高ナンバーワンの魚種であり、しかもいわしは、かなりの量が飼料や肥料に回されていた。たんぱく源として期待されたのはよくわかる。厚生省科学研究所というところの職員も栄養価のＰＲに余念がない。

〈鰯《いわし》や秋刀魚《さんま》の骨はこんがりと焼けばそのままで美味《おい》しく食べられますが、それを粉にして黄粉《きなこ》に混ぜたり胡麻塩に混ぜたり、味噌汁に入れたりして、食べるのも結構です。（略）鰯肉はビタミンＡとＤを含んで居《お》りますが、臓物には肉の何十倍という多量を含んでいます。その他臓物にはB_1もB_2も相当多量にありますから弥々《いよいよ》臓物は万能であります。／皆さん、どうか、鰯、秋刀魚を初め、煮干、素干《すぼし》、畳鰯《たたみいわし》、小女子《こうなご》、乾物などを大いに利用して下さい。丸干や目刺《めざし》が鳥にも鯛《たい》にも勝るものだと認識してください〉（厚生省科学研究所技師兼厚生技師・医学博士・原きます。

（秦百合子／『主婦之友』昭和一七年一一月号）

めざしも料理の材料に

■蒲焼

もどした鰯《いわし》の腹の所に手を入れてひらき、骨を取ります。水気を切って両面をバタでいため、メリケン粉または片栗粉をパラパラとふり、二匹に対して大匙一杯ずつの醤油と水、その半分の砂糖（ザラメ）を加えたお汁《つゆ》でフライパンの上で煮焼きをします。出来上るとちょうどうなぎの蒲焼《かばやき》のようになっておいしゅうございます。

■船場汁

もどした鰯をまるのまま三つぐらい

徹一『婦人倶楽部』昭和一六年一二月号）というわけだ。

右の文からもわかるように、「いわし」は必ずしも生のいわしを意味しなかった。レシピに「鰯《いわし》の××」とある料理でも、実態は、めざし、丸干し、しらす干し、煮干など、各種イワシ類の加工品を使ったものが少なくない。つけ加えれば、干だら、みりん干し、あみや昆布の佃煮《つくだに》などをいじりたおした料理も登場する。これはきわめて不可解な現象だ。干物は、そのまま焼いて食べるのがいちばん美味に決まっている。なにもわざわざ水でもどして調理しなくても……。

いうまでもなく、これも量を多く見せかけ、味に変化をつけるための工夫であった。たんぱく源はわずかな目方のめざしだけ、それで何日も持たせなければならないような状況になったとしたら、なるほ

に切り、鍋に昆布を入れて鰯が絶対におどらぬようにしてコトコト煮ます（昆布は浮いてきたらとります）。大根は千六本でも、銀杏形《いちょう》でも短冊《たんざく》でも好みに切り、一匹のめざしに一〇〇グラムくらいの割合で一緒に煮ます。味は塩味にして醤油二・三滴加え、最後に一椀に小匙四分の一の割合の酢をおとします。

■葱巻きフライ

太い葱の白い所を指二節《ふたふし》ほどに切り、中の芯《しん》をぬいて（芯は翌日の味噌汁に使う）、その代りに鰯の四つ割《わり》にしたものを巻き、四つほど串にさし、フライにします。

（以上、澤崎梅子／『婦人之友』昭和一七年二月号）

ど「干物料理」の需要もあったことになろう。

　では、鮮魚はというと、いわし、さば、あじ、さんま、かれい、鮭など、多様な魚の名前が一九四一(昭和一六)年までは登場するが、それも四二―四三(昭和一七―一八)年になると、ただ「魚」と記しただけのレシピが増える。何でもよいから手に入った魚を使え、という意味だ。

　魚種が特定されたレシピとしては「さめ」が目立つくらいである。さめは鮮度が落ちるとアンモニア臭がするせいか、戦前はかまぼこなどの練り製品の材料に使われるだけだった。戦後、惣菜用として切り身でも流通するようになったのは、戦時中、配給魚に使われたのがきっかけという。戦争で人々が味を覚えた魚といえるだろうか。もっとも、むき身同様、魚にも魚種のわからないものも多かったらしい。

さめも肉の代用品？

■鮫のテキもどき

鮫《さめ》というと、頭から毛嫌いなさる方にも、自信をもっておすすめしたい一品です。

　鮫に強く塩を当てて、ひたひたくらいの生姜醤油に二時間以上浸けて、身を緊《し》めます。

　フライ鍋《なべ》に、炒めるより少し多目に油を煮立たせ、用意の鮫を入れて、切身と切身の間に一寸(三㎝)長さに切った葱を隙間なく詰め、蓋《ふた》をして中火で焼きます。魚の表面の色が変りましたら裏を返し、魚の浸汁《つけじる》をじゅうじゅうと万遍《まんべん》なく流し込んで、汁がなくなるまで蒸します。

　こってりとしたてりが見るからに食

それにしても、わずかな切り身や小魚を大勢で食すためにかかる調理の手間のたいへんなこと。何時間も配給の行列に並んで手にした食材を、調理するのに今度は何時間かかったのか、想像もつかない。

たった一―二尾のめざしなど、カルシウム源としてはまだしも、たんぱく源としては不十分だったはずである。それでも近代栄養学のおかげで

〈発育盛りの子供たちにはやはり出来得る限り、動物性蛋白質を摂らせるように工夫したい。生魚がなければ、塩干魚、佃煮などを上手に使うことを考えたいと思います〉(『婦人之友』昭和一七年一一月号)

という思いは強かった。

しかも、当時の家庭には冷蔵庫が普及していなかった。一度に手にした同じ種類の魚介を三日も四日もどう扱うかは頭の痛い問題だったにちがいない。

欲をそそり、生姜の風味と葱の甘味が融《と》け合って素晴らしいお味です。

■鮫のそぼろ丼

細かく切った鮫を、醤油と砂糖で甘からく味をつけ、水気がなくなるまで煮つけていると、身がすっかりくずれて、まるで挽肉《ひきにく》そぼろのようになります。これを丼に盛った御飯の上へ一面にかけ、紅生姜のみじん切りでもぽっちりのせてやると、子供達はお肉よりも美味しいと喜んで頂きます。

(以上、成沢須美江/『主婦之友』昭和一七年九月号)

◆生大豆粉と卯の花

魚介以外のたんぱく源として早くから注目されていたのは大豆である。といっても豆腐や納豆のような伝統的な大豆食品ばかりではない。戦時レシピによく出てくるのは「生大豆粉」「大豆粉」などと記された謎の粉と、豆腐の絞りかすの「卯《う》の花（おから）」である。生大豆粉は、炒った大豆を粉にした「きな粉」ではなく、文字通り「生大豆」の粉だ。

〈戦時下の家庭食品として、生大豆粉という経済と栄養と美味を兼ねた新食品が現れました。大豆が栄養に富んで居ることは誰方《どなた》も御存じのことですが、この大豆粉はいろいろの料理に応用が出来、肉や玉子の代用として充分栄養が摂れる便利なもので、陸軍糧秣廠《りょうまつしょう》などでも非常に推奨しております〉（白井

価格調整のため築地の魚市場を視察する藤原商工大臣（中央の帽子を持った人）

生大豆粉の利用法

生大豆粉はそのままですと、ちょっと生臭いようなにおいがしますが、豆乳にすれば、そのにおいもすっかりなくなり、ゼリーなどにしてもおいしくいただけますし、粉のままで使うとき

鶴子『婦人倶楽部』昭和一四年一二月号）

といった記述を見ると、代用肉として開発された新式の植物たんぱく食品みたいだが、大豆の最大の用途はもともと食用油である。生大豆粉の正体は、脱脂大豆（油を絞った後の大豆かす）を乾燥させた粉（大豆フラワーまたは大豆ミール）だったのではないかと思われる。平時には飼料用か、せいぜいソーセージのつなぎに用いるくらいのもので、「経済と栄養」はともかく、味の点ではかなりあやしい。実際、〈生大豆粉のままでは、非常に青臭くて食べられませんから、一旦火に通して用います〉（『婦人倶楽部』昭和一七年一二月号）というような指導もあり、ほうろくで炒ってきな粉のようにしてから使うか、豆乳状に絞って使うのが一般的だった。パン生地に混ぜる、コロッケやメンチボールのつなぎにする、揚げ物の

は、ちょっと炒って使うとよいようです。豆乳をとったあとのおからは料理や、お豆腐の茶碗蒸し、黄粉《きなこ》にしておはぎを作ることもできます。おいしそうなさまざまのお料理をどうぞ試みてくださいませ。

■豆乳の作り方

大豆粉カップ一杯を同量の水でとき、一方で大豆粉の約五倍の水を煮立たせます。水が沸騰してきましたら、水どきした大豆粉を一杓子《ひとしゃくし》ずつ掬《すく》って入れます。しばらくするとまた沸騰して泡がふき上ってきます。

お豆腐を作る時はふきこぼれないように何度もさし水をしてかきまわし、泡を消すようにしますが、豆乳として使う場合は何度も水を入れるとうすく

衣にするなど、用途は主として小麦粉の代用品である。

　得体《えたい》の知れない生大豆粉に比べると、重宝されたのが卯の花だ。ご飯に炊き込む、そぼろにして丼にする、ハンバーグのつなぎにするなど用途も豊富。豆腐の配給日にはいっしょに手に入った地域もあり、戦時レシピのスーパースターのひとつである。

〈卯の花は動物の飼料などと、とかくなおざりにされ易いものですが、これほど安価で栄養の多い食品はございません。時節柄大いにこれをお惣菜に利用して国策にそうことにいたしましょう〉(『婦人倶楽部』昭和一五年三月号)

　なんていっていたのは過去の話。卯の花もこのころには、単なる増量材以上のものに昇格していた。

　こうしてみると、戦時中のたんぱく源は、平時に

なってしまいますから、煮立つたびにしゃもじで泡をおさえるようにして、大豆の生臭い香《におい》の消えるまで煮ます。そして漉袋《こしぶくろ》で漉します。

　少量のものを漉す時は真四角な布《きれ》を用い、四隅を持って振れば、それでよく漉すことができます。

(以上、東京友の会食事研究部・澤崎梅子／『婦人之友』昭和一七年九月号)

■卯の花丼
　豆腐の配給日には、卯《う》の花がありますから、家《うち》ではよく卯の花丼をいたしますが、第一節米にはなりますし、手間もかからず経済的で、お店の人達に大評判のお料理です。

　卯の花は五銭もあれば一〇人前くらい間に合いましょう。

は飼料用や肥料用だった素材までかき集め、やっと配給に回していたという気配が強い。国民食栄養基準が決められ、米だけでなく動物性たんぱく質を積極的に摂ろうという機運が浸透しはじめた矢先のたんぱく質不足はきわめて深刻なものだったといえるだろう。しかし、貝や魚で盛り上がっていられたのもここまでだった。一九四三年になると、配給のようすが変わり、副食のレシピ自体が減ってしまうのである。

大きなお鍋に油を大匙二杯ほど熱し、卯の花と有合《ありあわ》せの材料(葱、さんど豆、人参、油揚、こんにゃくなど)を細かく切って一緒に炒めます。よく炒まりましたらお醤油とお砂糖で淡味《うすあじ》をつけ、あればこれにお酒少々を加えますと、ぐっと美味しくなります。

お丼に御飯を入れ、その上へこの卯の花をたっぷり盛り、揉み海苔を振りかけて頂きますが、卯の花はどうしても咽喉《のど》につまるような気がしますので、必ずあっさりしたお清汁《すまし》を添えることにしております。

(栗本久子/『主婦之友』
昭和一七年九月号)

配給の長い列に並ばなければ食糧の確保はできなかった．配給のいもやかぼちゃを得るために八百屋の店頭に集まる人々（大阪）

食糧戦を勝ち抜こう

◆戦局の悪化と配給の悪化

婦人雑誌のレシピは、そのときそのときの食糧事情を如実に反映する。一九四三(昭和一八)年に入るころになると、再び「節米時代」がやってきた。

婦人雑誌そのものの雰囲気も大きく変わった。ページ数が大幅に減り、カラーページも消え、料理記事も激減したのだ。そのかわり、以前にもまして誌面には精神主義的なお説教が多くなる。料理ページには「食糧戦」ということばまで登場した。

背景には戦況の悪化があった。四三年二月、日本軍は連合軍との消耗戦の末、ガダルカナル島を放棄。五月にはアッツ島で玉砕《ぎょくさい》(全員戦死または自決)。以後、各地での玉砕が続いた。要するに負けがひどく込ん

戦地の苦労を思い起こせ

■お台所の頑張り戦

長期戦になって、国と国との総力をあげての戦争だということが、私達の日常生活にもヒシヒシと感じられて来ました。鍋一個、大根一本が直接戦争と連り《つらな》、国家と連っていることを、今度ほどはっきり感じたことはありません。

国民と国民の頑張り戦、それで勝った方がこの戦争に勝つ――今では敵もそれを充分に考えています。その国民生活の頑張り戦の中心は、何と云ってもお台所です。その大切なお台所を預かる私達が、不平を鳴らしたり、悲鳴をあげたりしてしまったら、もう戦争は負けになります。

(『婦人倶楽部』昭和一八年一月号)

できたのである。太平洋での制空権と制海権を失った日本は孤立し、国外から入ってくる物資はあてにできなくなった。戦地に食糧を送る船は次々に沈められ、補給を断たれた前線でも飢餓状態に陥るありさま。政府は「食糧増産」「自給自足」を叫ぶようになるが、男性は戦地へ、女性は軍需産業へと駆り出されている以上、国内の食糧生産力も落ちていた。

銃後の食生活に目を転じると、まず配給が滞るようになった。遅配《ちはい》（配給が遅れること）や欠配《けっぱい》（配給そのものが途絶えること）が日常茶飯事になり、もはや配給だけで暮らすことは不可能になる。

では、人々はどうやって食材を確保していたのだろう。ひとつの方法は、汽車に乗って郊外の農家に買い出しに出かけること。もうひとつはヤミと呼ばれる非合法なルートに頼る方法だ。

■お台所の増産計画

南太平洋の基地では、食糧を運ぶ船舶を一隻《せき》でも兵器輸送に回そうと、雨《あめ》霰《あられ》と降る弾丸の中で畠《はたけ》を作り、食糧の自給自足に努めておられると聞きます。敵米英を叩き潰《つぶ》すためならば、どんな困難も頑張り抜く覚悟は、私達主婦にももう充分にできているはずですけれど、ただ不自由に耐えるというだけでなく、もう一歩進めて家庭内の食糧増産まで考えてゆかなければならぬと思います。空地を耕して野菜を作るばかりでなく、今の場合、与えられた材料を一つの無駄もなく、それを五倍にも十倍にも効果的に使ってゆくことも、大切なお台所の増産と言えるのではないでしょうか。

（『主婦之友』昭和一八年一二月号）

一九三九(昭和一四)年一〇月に価格等統制令が施行されて以来、すべての物資は政府が決めた値段(公定価格)で取り引きすることになっていた。ヤミというのは、この公定価格に違反した価格でモノを売買することをいう。もちろん法律違反だし、ヤミ取り引きの場では、公定価格の何倍、ときには何十倍もの値がつく。警察は取り締まりにやっきになったが、それなしで暮らせた人はほとんどいなかった。

◆「国策炊き」に「楠公飯」

もっとも婦人雑誌にヤミの上手な利用の仕方などは、当然、出てこない(そんなことをしたら、たちまち検閲《けんえつ》に引っかかっただろう)。

このころの婦人雑誌が熱心に説いていたもの。それは、さっきもいったように節米だ。もっともそれ

ヤミ取り引きの取り締まり現場。警察官の手には拳銃が

は配給制度以前の節米とはわけがちがう。植民地や外国から来る米をあてにできなくなった日本。今度の節米は官も民も本気だった。

　この時期の官製の節米法としては、下段に示した「国策炊《こくさくだ》き」がよく知られている。この方法で米を炊くと、ふつうに炊いたときに比べてご飯が三割増えるといわれ、政府が普及に乗り出したのだ。

〈この炊きぶえによって節米になる米の量を大略計算してみても全国で一年に千七百万石近くにもなるのですから、どうかこれをすべての家庭で実行し、外米を用いず国内の米だけで足らせ、外米輸送の船力をより大切な戦争の方に向けたいと思うのです〉（前外務次官・西春彦談『婦人之友』昭和一八年九月号）

　あいかわらずの机上の空論だが、彼らも必死だったのだろう。婦人雑誌も国策炊きに負けないくらい

炊き増えする米の炊き方

■国策炊き

　米一升《しょう》（一・八ℓ）に、熱湯二升（三・六ℓ）の割合で炊きます。お釜にお湯を沸《わか》し、煮立ったところへ米を洗わずに入れ、大きいしゃもじで上下によくかきまわし、上部に浮いてきたゴミをすくい出し、蓋《ふた》をしておきます。再び煮立って沸き上ってきた時火を弱めます。瓦斯《ガス》ならば蛍火《ほたるび》ぐらいに細く、炭火ならば豆炭二ケぐらいの火力にして下窓をしめて五〇分ほどそのままにしておきます。時間が来たら蓋を取ってみると、表面全体にポツポツ穴があいてふっくらした御飯が出来上っています。

（前外務次官・西春彦／『婦人之友』昭和一八年九月号）

「炊き増《ぶ》え」する米の炊き方を研究した。下段の「炒り炊き」は室町時代の武将・楠木正成《くすのきまさしげ》の開発した米の炊き方といわれ、「楠公飯《なんこうめし》」とも呼ばれていた。

こんな方法では、見た目のかさが増えるだけで、摂取できるカロリーや栄養価は変わらないのである。おいしくもないし、腹持ちがよくもなかっただろう。しかし、そこには合理性だけでは割り切れないものがある。育ち盛りの子どもが何人もいるような家庭の場合、見た目だけでも食卓に家族の人数分のご飯が並ぶかどうかは、重大な問題だったのではなかろうか。

■玄米の炒り炊き

食べ盛りの男の子四人を抱えて節米に苦心していましたが、これを始めてから一升《しょう》のお米が三升釜いっぱいに炊き増《ぶ》えして、我が家からすっかりお米不足の悩みが解消しました。

炊き方　水加減は玄米一升(一・八ℓ)に水二升五合(四・五ℓ)。強火でこんがりと炒った玄米を、水二升(三・六ℓ)の中へ入れてぴっちり蓋《ふた》をして一晩おきます。翌朝蓋をとると、お水をすっかり吸った米粒が花のように開き、ふっくりと盛り上っていますから、さらに五合(〇・九ℓ)の水を注《さ》して普通に炊き上げると香《こう》ばしい御飯ができます。

＊暇のとき空火《あきび》を利用して余分に炒っておけば、手間も燃料も経済に上《あが》りますし、始終炒り米を用意しておくこと

米とうどんのアクロバット

◆玄米時代のびっくり節米雑炊

このころから終戦までの節米メニューは、奇妙奇《き》天烈《てれつ》な主食のオンパレードだ。まず目立つのが雑炊《ぞうすい》。いわゆる「増量法」である。しかし、ありあわせの野菜と冷ご飯で作る雑炊なんていうものは、特にレシピを必要とする料理ではない。そのためか、婦人雑誌の米料理は想像を超えたメニューが少なくない。

雑炊をピザのように焼いてみたり、雑炊にパンやうどんや小麦粉を入れたものまで登場する。

しかし、冗談のように見える節米雑炊にも時代的な背景はある。米の炊き方や米料理を研究しなければならなくなった理由はいくつもあった。

まず、肉や魚のようなたんぱく源の配給があてに

は、非常の際にどんなに心強いか知れません。

（後藤貞子／『主婦之友』昭和一九年四月号）

玄米時代の雑炊とうどん

■納豆雑炊

秋田地方の郷土食で、納豆の香りが何ともいえず、配給を待ちかねて作る大好物、二個分で五人前は充分です。

納豆をよく摺《す》って味噌汁でとろりと伸《の》し、熱いお粥《かゆ》に混ぜながら好みの薬味を添えて頂きます。ただ、煮立てると納豆の風味が失われます。

＊納豆は、酵母酸の働きで消化もよく、子供の発育に必要なビタミンBを多量に含み、蛋白質《たんぱくしつ》、脂肪とも肉類に劣り

できなくなったこと。副食をあれこれ工夫していられるような余裕は徐々になくなっていったのだ。

もうひとつは、米の質の問題。配給米が玄米になったのだ。配給米は政府が統制する米だから、外米が混じったり国内米だけに戻ったりと、そのときによってまちまちだ。消費者は米の質を選べないのである。精米の度合いもそうで、配給がはじまった当初、七分づき米(ぬかの部分を七割除いた米)だった配給米は、一九四三(昭和一八)年から五分づき米(ぬかを五割除いた米)に、まもなくぬかを全部残した玄米に変わった。東条英機《とうじょうひでき》首相の側近《そっきん》の提言によるものといわれ、健康のための玄米食運動という名目だったが、実際には精米で「つき減り」する数パーセントがもったいないということだったらしい。

玄米は白米に比べてビタミン類が豊富な半面、消

ません。

(守屋磐村/『主婦之友』昭和一九年四月号)

■シチュー雑炊

配給肉の脂身と有合《ありあわ》せの野菜でシチューを作り、この中にうどんと冷御飯を入れて煮込んだもの。お味は塩、胡椒が一番さっぱりと頂けますが、好みでカレーやトマトのお味にするのもよいでしょう。

(林冴子/『主婦之友』昭和一八年一二月号)

■洋風玉蜀黍御飯

茹《ゆ》でてこそげとった玉蜀黍《とうもろこし》をざっと摺《す》り潰《つぶ》して、たっぷりの水から火にかけ(茹汁も利用する)、小麦粉でどろり

化が悪い。食べ慣れないと下痢《げり》をしたりする。テレビや映画で、一升瓶《いっしょうびん》に入れた米を棒でつく人の姿を見たことがないだろうか(本章扉の写真参照)。あれは玄米のぬかを除くために各家庭でやっていた、手動の簡易精米だったのだ。

◆米とうどんのハイブリッド主食

もっとも、玄米でもちゃんと配給されればよかった。節米が必要になった最大の理由、それは配給米そのものがあてにできなくなったことだった。

米に雑穀やくず米や豆が混入しているのは当たり前。食糧制度にかかわる法律が次々に作られて、たとえば一九四二(昭和一七)年の夏には「主食」の枠に米だけでなく麦と麦の加工品が加えられ、小麦粉や乾めんを配給してもいいことになる。米三三〇グ

と煮返して、塩、胡椒で味を調えます。これを御飯にたっぷりかけて頂くのですが、あれば牛乳かミルクを入れると、いっそう美味しく、栄養も満点です。玉蜀黍は焼いて頂くだけでも美味しく、節米にもなりますが、消化が悪くてお腹に障《さわ》りますから、茹でてから料理してください。

(松井秀世／『主婦之友』昭和一八年八月号)

■焼おじや

お芋類でも、パンの切端《きれはし》でも何でも結構です、おじやの中に入れてから、小麦粉を少し加えて少しかたいと思うくらいのかたさにします。フライパンに油をひき、おじやを一センチくらいの厚さにのばして焼きます。

ラム（一人一日あたりの配給量）に代えて、乾めんなら一わ（三七五グラム）、小麦粉なら三五〇グラムといった換算。それのみならず、乾パン、とうもろこし、さつまいも、じゃがいも、大豆といった雑多な「主食」の配給も多くなる。配給の実態はもはや法律とかけ離れていたけれど、ともかく、最初から代用食が配給されれば、いやでもその範囲でやりくりしなければならない。

代用食の中で目立っているのはうどんである。が、これも雑炊同様、奇妙なメニューが多い。米とうどんが同居した元祖「そばめし」のようなメニューあり。うどん（乾めん）をわざわざ水でもどして小麦粉のように使った料理あり。これはどういうことなのか!?　理由は簡単。米もうどんも小麦粉も、人数分には足りないが少しずつなら残っている、という状

別に日本葱（なければ玉葱でも結構）を細かく刻み、塩味をつけて油でいためたものをその上にのせてひろげ、さらに上からおじやをおき、両面に焦げ目がつくくらいに焼きます。

焼けましたら、お菓子のように切目《きれめ》をつけ、きれいにお皿に盛って出しますと、お昼食によいばかりでなく、子供さんたちのお八つにも喜ばれます。

（宮城たまよ／『婦人之友』
昭和一七年一一月号）

■うどんの味噌雑炊

味出しの煮干を一〇尾《びき》ほどと有合せ《ありあわ》の野菜を大き目に切って、たっぷりの水からことこと煮込み、この中に細かく折ったうどんを入れて、軟くなったら味噌を味噌汁程度の濃さに溶き、冷

況が実際にもあり得たからだ。米の代わりに小麦粉やうどんが配給されるとは、そういうことなのである。

ひと鍋の中に米とうどんが同居するのも〈手許の材料が少なければ少ないほど、その中に含まれた栄養価を正しく知って、日毎《ひごと》の食卓に十二分に生かして頂かねばなりません〉（『主婦之友』昭和一八年八月号）と考えた結果だと思えば納得できよう。

注意したいのは、このころには材料の分量がほとんど示されなくなっている点だ。何グラム、大さじ何杯といった分量を提示できるのは、素材が自由に手に入る平和な時代ならではのレシピだったのである。

御飯をほぐしながら加えて、さらっと炊き上げます。

（北川敬三／『主婦之友』
昭和一八年九月号）

■**うどん焼**

うどんを細かく折って、半日以上水に浸け、どろどろに擂《す》り潰《つぶ》します。この中に小麦粉か有合《ありあわ》せの雑穀粉《ざっこくふん》、または甘藷《さつまいも》、馬鈴薯《じゃがいも》などを擂りおろして混ぜ、塩、胡椒、カレー粉などで味をつけて、フライ鍋《なべ》に流してお好み焼風に仕上げます。

＊嘗《な》め味噌とか小魚類の佃煮をあしらえば、蛋白質《たんぱくしつ》の補いになって、お味も栄養もぐんと上ります。

（中川清野／『主婦之友』
昭和一八年一一月号）

トントントンカラリと共同炊事

◆少ない素材を持ち寄って

配給生活が何年も続けば、食生活にもなんらかの工夫が必要になってくる。中途半端な量の配給物資を有効に生かすにはどうするか。そこではじまったのが共同炊事という方法だった。材料を持ち寄り、炊事を当番制にして、何世帯分もの食事をいっぺんに作るのだ。共同炊事のメリットはいろいろある。

・配給材料の無駄が出ない。
・炊事の手間を節約できる。
・一度に煮炊きすれば燃料も節約できる。

など。そのため政府も積極的にこれを勧めた。特に人手不足になった農村では、共同炊事が必要不可欠なものになり、都会の女学生たちが「農村報国《ほうこく》」

昭和一五年の共同炊事メニュー

■麦入り野菜スープ

味を複雑においしく作りたいスープなど、多種類の材料を一軒で少しずつ揃えるのは面倒なものですが、協力食事ではそれが容易にできます。

肉は途中で半分はすくい出して、翌日のお料理に回すこともできます。マフィンやパンを主食にすれば、おいしい節米献立になります。

▼材料(二〇人前・一人前約一二銭)

牛並肉一六〇匁《め》(六〇〇g)、ベーコン二五匁(九〇g)、玉葱一〇〇匁(三七〇g)、人参二〇〇匁(七五〇g)、小蕪《こかぶ》大二〇個、生椎茸(干椎茸でもよい)二〇個、セロリ四茎、いんげん四〇匁(一五〇g)、押麦《おしむぎ》三合(五四〇cc)、塩

の名で、炊事班として応援に駆けつけたりもした。

そんなわけで、婦人雑誌にも、そうたびたびではないが、共同炊事を勧める記事が載った。

共同炊事に特に積極的だったのは『婦人之友』だ。全国に「友の会」を組織し、戦前から主婦の社会参加を促してきた『婦人之友』は、家事の合理化・共同化という観点から、もともと共同炊事(協力食事・協力炊事)を提唱してきた雑誌でもある。

下段に紹介したのは『婦人之友』に載った共同炊事メニューのいろいろだが、一九四〇(昭和一五)年の料理は、まだ食材が配給制に移行する前だったこともあって材料はゴージャス。年を追うにしたがって、だんだん貧弱になっていくようすがうかがえる。

大匙四-五杯、醬油大匙一杯、バター五匁(五〇g)

▼牛肉は二分《ぶ》(六㎜)角くらいに切り、塩胡椒し、ベーコンは細かく切って弱火で炒め、脂肪《あぶら》が出てきたら火を強めて熱し、牛肉を入れ、香《にお》ばしい香いがして狐色《きつねいろ》になるまで炒める。玉葱のみじん切りを加えてなお炒め、水を一人当《あて》一合(一八〇cc)たっぷりを加える(蒸発する分をみて二〇人分で二升《しょう》三合〈四・一ℓ〉)。煮立つと茶色の浮きあくがたくさん浮いてくるので、たびたび丁寧にとり、火を弱めて一時間、スープをとります。

そして肉の半分は明日のじゃが芋厚焼きに利用するために取出します。

麦は洗って水をふくませておきます。

野菜は皮をむかず、全部小さい賽《さい》の

◆田園調布・江古田・練馬南町の例

共同炊事は週に三—四回、夕食だけというケースが多い。それでも主婦には大助かりだったはずだ。分量は三—四世帯で一五—二〇人前。このくらいの人数が規模の点では適当だったのだろう。

キャンプ料理を思い出せばわかるように、大人数の場合は、カレー、豚汁、おでんなど、どうしても材料をいっぺんに煮込むような料理が中心になる。そこは共同炊事も同じだが、揚げ物、和《あ》え物、混ぜご飯なども共同炊事に向く料理として推薦されている。

ただし、材料不足が深刻になるころには、下段のようなしゃれた料理はもう作れなくなった。

「協力炊事の手引き」(『婦人之友』昭和一八年一〇月号)には、東京での共同炊事の実例が紹介されてい

目(肉よりも小さく)に切る。人参、小蕪、椎茸をそれぞれ少しのバタで丁寧に炒め、固いものからスープに入れていきます(押麦は人参と一緒に入れる)。いんげんはあとでめいめいの器に散らすために青く茹《ゆ》でておきます。

野菜を入れてからもなおあくが出るので丁寧にとって、塩味をつけ、終りにお醤油を少し加えて味をととのえます。

【当番日記】麦のスープとはどんなものかと皆が珍しく、栄養のたっぷりしたお汁でしたのでよろこんで下さいました。さつま芋のいためやきをたっぷりつけ、蒸パン、マフィンなどで頂くと全然節米ができます。

(自由学園消費組合食事部・内藤敏子／『婦人之友』昭和一五年六月号)

る。ある日のメニューはこんなぐあいだ。

・田園調布の共同炊事メニュー（九月六日）

のしいかと野菜の塩煮（いただき物ののしいか、配給のじゃがいも、自家菜園のかぼちゃ、玉ねぎ）・きゅうりあんかけ（配給のきゅうり）

・江古田の共同炊事メニュー（九月七日）

ライスカレー（配給のあさり、かぼちゃ、じゃがいも）・なすの煮付け（配給のなす、玉ねぎ）・塩こぶ（ありあわせの切りこぶ）

・練馬南町の共同炊事メニュー（九月五日）

じゃがいもボール（配給のじゃがいも、卯の花、自家菜園のいんげん）・末広《すえひろ》ごぼう（配給のごぼう）・きゅうりとみょうがの塩もみ（配給のなす、自家菜園のみょうが）

残念ながらレシピは載っていないのだが、配給の

昭和一六年の共同炊事メニュー

■玉子ロールキャベツ

材料（一五人前）　玉子一五個、キャベツ二冠、人参六〇〇g、塩大匙三杯、トマトソース小一本

玉子は茹《ゆ》でて皮をむき、さっとお湯に通した二枚のキャベツで一つずつ包みます。人参は適当に切り、バタで炒めてお湯を加え、その中へ包んだ玉子を入れて塩味をつけて煮ます。

二つに切って上むけにしてお皿にとり、トマトソースをかけて出します。色どりの美しいお料理です。

（自由学園卒業生共同研究／『婦人之友』昭和一六年七月号）

食材のほか、自家菜園でとれた野菜や、だれかの家で余っていた食材、だれかの家に送られてきた食材(こういう場合は公定価格で買い取れと指導している)なども活用しているようすがうかがえて、興味深い。

◆向こう三軒両隣の軍隊化?

共同炊事もしかし、いい面ばかりではない。共同炊事が盛んになった背景には、「隣組《となりぐみ》」という制度が関係していた。隣組とは国民統制の一環として、一九三八(昭和一三)年に生まれ、四〇年に制度化された組織である。「向こう三軒両隣」をあいことばに一〇世帯前後をひとつの単位とし、町内会の補助的な役割をはたした。というと、ほのぼのとしたご近所づきあいみたいな感じだが、その実態は行政の末端組織。私生活は監視されるわ、会合(隣組常会《じょうかい》)

■畠の宿がえ

材料(一五人前) キャベツ一冠五〇〇g、人参六〇〇g、蕪《かぶ》七五〇g、茄子《なす》六〇〇g、じゃが芋九〇〇g、南瓜《かぼちゃ》六〇〇g、トマト三〇〇g、鶏ガラ一羽分

ちょうど野菜が畠《はたけ》から鍋に宿がえをしたように、野菜はなるべく大切りのまま、また小さいものはそのまま、鶏ガラで取ったスープの中で一時間半ぐらいコトコトと塩味で煮ます。

材料はどんな野菜でも、いろいろ入れればそれぞれその持味《もちあじ》を出してたいへん美味しくなります。

(自由学園卒業生共同研究/『婦人之友』昭和一六年七月号)

への出席は強要されるわ、奉仕活動はあるわ、連帯責任は問われるわ、きわめてうっとうしい制度だった。

　防火訓練、勤労奉仕、金属供出、国民貯蓄の奨励。総力戦のための活動は、すべて隣組単位で行われた。家庭の組織化、あるいは家庭の軍隊化といえなくもない（共同炊事も思えば軍隊式の炊事ではある）。

　ただ、どんなにいやでも、戦時中は隣組を離れては暮らせなかった。配給日をはじめ、生活にかんするあらゆる情報は隣組に回される回覧板で知らされたし、配給切符も隣組を通じて支給された。また、配給のたびに店に並ぶのはあまりに時間のロスが大きいということで、配給物資も隣組単位で購入するところが増えてきた。一九四二（昭和一七）年一一月に東京で青果の販売をしたときには、隣組の一括購

昭和二〇年の共同炊事メニュー

■薄くず汁

　大豆は前夜から水にひたしておき、すり鉢で丁寧にすりつぶします。一人二椀宛《あて》とすればまず一椀分の水をはかり入れ、とろ火にかけて、煮立ったら残りの水をさしながらふきこぼれないように注意して充分煮て、青臭みがなくなったころふきんでしぼると豆乳とおからが出来上ります。

　この豆乳に味をつけて煮ていますと卵のようによってきます。これに青味を入れ、あまり煮すぎぬうちに頂きます。石臼《いしうす》で挽《ひ》いたとうもろこし粉をふるってできた細かい粉をくず代りに水どきして入れ、おつゆをとろりとさせましたら、いっそうおいしくなりまし

入が四割、世帯別購入が六割だったという。隣組に非協力的な態度をとったら、配給が回ってこないことだってある。

共同炊事は、こうした隣近所の密接な結びつきから生まれた炊事の方法だ。トラブルも少なくなかったにちがいない。『隣組』という歌も流行したが、すぐに替え歌ができたところにも、人々の気分があらわれている。しかし、戦争も末期に近づくと、そんなぜいたくもいっていられなくなる。敗戦の年にあたる一九四五（昭和二〇）年のメニューは、もはや料理とは呼べないようなしろものだ。たった四年前のレシピとは大きなちがい。次章でくわしくやるけれど、これは焼け跡の非常炊事のメニューである。共同炊事も最後はここまで行ったのだ。

た。

（内藤敏子／『婦人之友』
昭和二〇年五月号）

隣組の歌

■隣組（岡本一平作詞・飯田信夫作曲）

トントントンカラリと隣組
格子《こうし》をあければ顔なじみ
回してちょうだい回覧板
知らせられたり　知らせたり

■隣組の替え歌（作者不詳）

ドンドンドンガラリとドナリ組
あれこれめんどう味噌・醤油
回してちょうだい買いだめ品
ああ情けない　腹減った

小春日和の手作りおやつ

◆米ぬかを炒ったチョコレート?!

と、このように、配給下の食生活は、食材不足をあの手この手でやりくりし、やっと成立しているようなありさまだった。しかし、そうなってもまだ、こんな趣味性の強い記事が載るあたりが、婦人雑誌らしい点かもしれない。「手作りおやつ」の記事である。

さつまいもやじゃがいもをつぶして細工した和菓子風の菓子、やはりつぶしたいもを生地に加えた饅《まん》頭《じゅう》、蒸しパン、ビスケット。いもやかぼちゃで作った餡《あん》。夏には寒天や甘い飲み物の記事も載った。

この期《ご》に及んで菓子まで手作りしなくたって、と思わないではないものの、このころは当然ながら菓

戦時中の手作りお菓子

■手まり菊

練りきりの芋餡《いもあん》を四分六分に分けて、挽茶《ひきちゃ》か食紅《しょくべに》で片方だけ染めておき、それぞれ同数に丸めます。次に大きいだんごを掌《てのひら》に伸《の》して小さいだんごを包み、小刀を少々ねかせ気味にして真中《まんなか》に十文字の切目《きれめ》をいれ、間々《あいだあいだ》に切目をつけてゆくと、可愛い手まり菊ができます。これなら新年のお客様にも大いばりでおすすめできます。

(関操子／『主婦之友』
昭和一八年一月号)

■里芋お萩(口絵七ページ参照)

これは糯米《もちごめ》入らずのお萩《はぎ》です。米一合(一八〇cc)に里芋一〇〇匁《もんめ》(三七〇

子も配給制。チョコレートなどのぜいたく品の製造も中止になり、一九四三（昭和一八）年二月からは大人への菓子の配給はなし、三歳以下の乳児にはビスケットまたは焼き菓子二袋六〇銭分、児童には五〇銭分の菓子が配給されるだけになった。育ち盛りのお子様には三度の食事以外に二度のおやつを、という観点からいえば、菓子不足も深刻な悩みではあったのだ。

いまではちょっと思いつかないアイディアも多い。おはぎに里いもを使うのは、もち米のようなねばり気を出すためだ。うどんも寒天に入れたり、かりん糖にしたりと大活躍だ。かと思えば、米ぬかを炒ってココアパウダーのように使うなんていう知恵もある。

〈丁度その日若いお客様がありましたので何もい

g）の皮をむいて適宜に切って入れ、水二合（三六〇cc）で普通の御飯のように炊き上げ、よく蒸れたら擂木《すりこぎ》でとんとん潰《つぶ》して、御飯と里芋をよく混ぜておきます。

相当粘りが出ますから、これを好みの大きさに丸め、黄粉《きなこ》、黒胡麻、青海苔などをまぶして、色彩《いろどり》よいお萩を作ります。

砂糖や小豆不足で、お菓子屋さんのもなかなか買えませんから、お昼御飯のときなどに作りますとたいへん喜ばれます。

（磯野百合子／『主婦之友』
昭和一六年五月号）

わずに召上っていただきましたら、これはめずらしい、チョコレートが入っているのですね、ということで、これは大成功でした〉（宮城タマヨ／『婦人之友』昭和一七年五月号）との談話つき。試してみたら、おそろしく手間がかかるものの、これは案外おいしかった。

◆みんな甘味に飢えていた

戦時中の記憶としてよく耳にするのは、甘いものに飢えていたという話である。

砂糖の原料の大半は輸入頼み。砂糖が配給切符制に移行したのも早かった（東京都で一九四一年一月）。一人一月〇・六斤《きん》（三六〇グラム）。一日あたり一二グラム。小袋入りのスティックシュガー一・五袋分しかない。それくらいあれば十分と思う人もいるかも

アイディアお菓子のいろいろ

■「ぬか」を使って

ぬかは大きいフライパンか支《し》那《な》鍋《なべ》に入れ、あまり強くない火でゆっくり丁寧にいります。しばらくしていますと、油が出てしっとりとした感じになってまいります。その程度を保たせるような火加減にして、決してこげつかないようにゆっくりいっていますと、その中《うち》にだんだん色がついてまいります。一時間くらいしてすっかりチョコレート色になるまでよくいれましたら、すり鉢にあけてすりこぎでよくよくすります。そうしますと、ぬかくさいにおいはほとんど抜けて、こうばしいきれいな粉になります。こうしてたくさん一度に作って保存しておいて、その時

しれないが、ほかに「甘いもの」が何もなかったらどうだろう。ちなみに現在の砂糖の消費量は一人一日あたり五五グラム。これは菓子や飲料などの加工食品も含めた総消費量だから一概に比較はできないが、「甘いもの」の総量と考えれば、砂糖離れが進んだ現在でも、当時の五倍近い甘味を口にしている計算だ。

砂糖不足を偉い人たちはこう説明していた。

〈砂糖は昔から在ったものではなく、昔は甘い果物や野菜の干したものなどを用いたり、麹《こうじ》、飴《あめ》等の甘味を利用したので、砂糖がなくても澱粉《でんぷん》質のものを摂れば体内で砂糖に変化されますから、栄養上には何の障害もないのであります。／砂糖は病人や乳幼児には必要な場合もありますが、大人には必ずしも必要なものではありません。今迄の様に自由に砂々に応じて使うことができます。

■ビスケット（口絵六ページ参照）

メリケン粉カップ一杯、ぬかカップ一杯（粉と同量）、砂糖カップ三分の二（粉とぬかの量の三分の一）、バタ大匙一杯、玉子一個、ベーキングパウダー小匙かるく一杯

砂糖、バタ、玉子をよくまぜ、そこへ粉とぬかとベーキングパウダーをよくふるってまぜ合せ、うすくのばして好みの形に切りぬき、フライパンで焼きます。二〇分くらいで出来上ります。バタは入れなくてもよく、お砂糖を少くしてジャムをつけてもよいでしょう。

（宮城タマヨ／『婦人之友』昭和一七年五月号）

糖を食べるのは健康上有害です〉(東京市衛生試験所栄養試験部長・近藤光之『婦人倶楽部』昭和一六年一二月号)

カロリー過多の現代ではあるまいし、説得力はまったくない。一二グラムでも手に入ればましだったが、砂糖不足の深刻化にともなってヤミ価格は高騰。一九四三(昭和一八)年一一月には白砂糖の製造が禁止されて黒糖系の砂糖だけになり、翌四四年八月には砂糖の配給そのものがストップした。

その当時小学生だったある女性は、疎開《そかい》生活の思い出を、お菓子の記憶として綴《つづ》っている。

〈六年生の男の子に、お菓子の絵がとても上手な子がいました。私たち下の組の者は、競ってその子にかいてもらいたがりました。その子のかくカステラは、真中に渦の巻いたまるいのでしたし、アイスクリームにはちゃんとウエハースもついて、とても

■うどんかん(口絵六ページ参照)

うどんを寒天でかためたものですが、みかんのしぼり汁を入れたので、みかん色の寒天の中に白いうどんがみえてきれいです。

(吉岡清子/『婦人之友』昭和一七年五月号)

■かりん糖

干うどんを二寸(六㎝)くらいにぽきぽき折り、油でからっと揚げます。別に小鍋に砂糖と水を同量入れて煮詰め、糸を引く程度になったら、火から下し、揚げたうどんにまぶします。

干うどんですから油もあまりいりませんし、缶に入れておけば保存もきいて、たいへん重宝です。

おいしそうでした。／その絵のおかげでその子は大いばり、私たちは一生けん命ごきげんをとっては、かいてもらいました。(略)絵で代用するほかに、もう一つ子供の頭で考えた解決策があります。お菓子は絶対に家から送ってもらってはいけないのですが、薬はよいということになっていました。そこで、ビオフェルミン、仁丹など、おいしい薬を送ってもらうのです〉(中村桂子『暮しの手帖96　戦争中の暮しの記録』所収)

まさに「絵に描いた餅」である。婦人雑誌のおやつも絵に描いた餅だった可能性はあり、一九四三年のレシピなど、すでにやけのやんぱちだ。しかし、たとえ絵に描いた餅でも、菓子のレシピは読むだけで幸せな気分になれる。その効用は、じつは「心の栄養」だったのかもしれない。

(千葉市・青葉由美／『主婦之友』昭和一七年一一月号)

■こんにゃく餅

配給のこんにゃくはお惣菜ばかりでなく、お八つにも利用しましょう。茹《ゆで》栗《ぐり》や飴《あめ》菓子を添えれば腹持ちもよく、子供たちに喜ばれます。茹でたこんにゃくを二枚に剝《は》ぎ、適当な大きさに切って、甘目の黄粉《きなこ》をまぶします。

(松井秀世／『主婦之友』昭和一八年一〇月号)

4 壮絶な決戦非常食

空襲下のレシピ

本土空襲がはじまった．横浜に焼夷弾を投下する B29

戦争末期はサバイバル

◆灯火管制・学童疎開・防空壕

戦争中に空腹で苦しんだという話は、ほとんどが太平洋戦争末期の一九四四―四五(昭和一九―二〇)年に集中している。この二年間は、前線の兵士はもちろん、銃後《じゅうご》の人々にとっても、人間性を剝奪《はくだつ》された魔の期間だった。食べ物の決定的な不足に加え、生命の危険にも日々さらされるようになったのだ。

一九四四年一〇月、レイテ沖海戦で日本の連合艦隊は壊滅する。それと同時に特攻隊(敵艦に飛行機ごと体当たりする部隊)が初出撃。戦争は末期状態になっていた。日本の船舶《せんぱく》の四〇パーセント以上が撃沈され、物資の輸送は完全に滞った。

それでもいっこうに降伏する気配のない日本に打

精神の力で乗り切れ

■足りないのは食糧ではなく反省

この頃の都市の野菜の配給は、従来から見れば多少窮屈になっていることは事実です。それでも欧州の国々の現状から見れば、想像もつかぬほど潤沢で余裕があるのです。わが国は地域は狭いが、陽の恵み、地の慈《いつく》しみに溢《あふ》れて山の幸、海の幸に満ちています。米のほかに麦があり、雑穀があります。肉は乏しくとも魚や貝があります。芋も大豆も野菜もあります。立派に食用になる無数の植物が生い茂っています。

前大戦でドイツが敗れた時、ベルリンの郊外は数里にわたって樹木の葉まで、青いものはすべて食いつくしたといわれています。それに比べてわが国

撃を与えるため、アメリカは日本本土を空襲する作戦に出た。初の本土空襲は日米開戦の四か月後、一九四二(昭和一七)年四月のことだったが、これはB25という中型爆撃機によるもので、人々の危機感は薄かったようだ。本格的な本土空襲は、一九四四年一一月二四日が最初だった。B29という大型長距離爆撃機が、この日東京を空襲。以来、B29が日本中の都市に爆弾を投下することになる。

その直前くらいから、都市の暮らしも破壊された。窓からもれるあかりが敵機への目印になるとして「灯火《とうか》管制《かんせい》」が敷かれ、夜は電灯に黒い布をかぶせなければならなくなった。空襲に備えて外に「防空《ぼうくう》壕《ごう》」を掘り、空襲警報が鳴るたびに、身の回りのものを持って壕に逃げこまなければならなかった。

こんな状態では、おちおち夜も眠れない。都市の

の現状はどうでしょうか。足りないのは実は食糧でなくて、食糧に対する反省です。食事に対する工夫です。戦時生活を実践する決意と労力です。

(教学錬成所錬成官・医学博士・杉靖三郎／『婦人倶楽部』昭和一九年六月号)

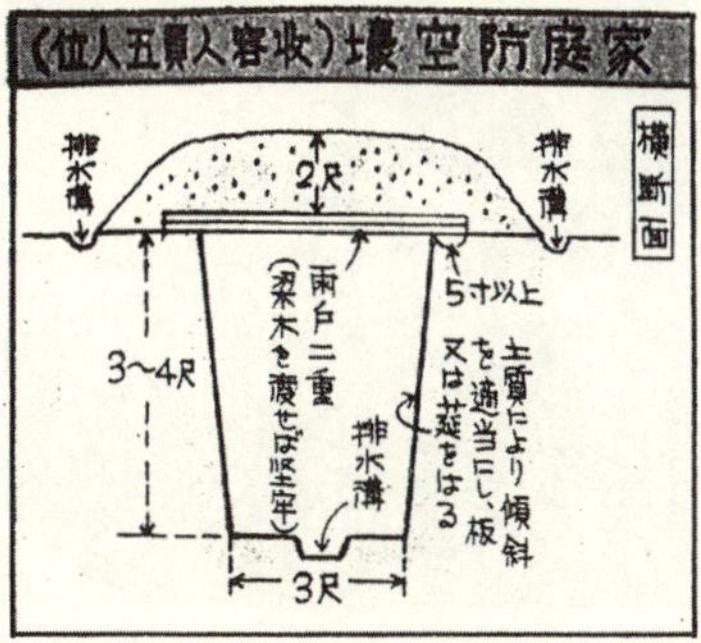

婦人雑誌に載った防空壕の作り方

住民の多くは親類縁者を頼って安全と考えられる土地に疎開《そかい》(田舎に避難すること)。一九四四年の夏からは「学童疎開(集団疎開)」もはじまって、都市の国民学校(当時は小学校をこう呼んだ)の子どもたちは全員親元を離れ、慣れない農村で集団生活をすることになった。当時子どもだった人々にとって、戦争の記憶は空腹と疎開の記憶に結びついていることが多い。

◆戦国時代の武将まで総動員?!

太平洋戦争がはじまって三年(日中開戦から数えれば六年)。最初のころのイケイケ気分もどこへやら。長引く戦争に、人々は疲れ果てていた。

婦人雑誌の誌面にも「撃ちてし止まむ」「鬼畜米英《きちくべいえい》!」「進め一億、火の玉だ!」などのヒステリッ

疎開児童の食事の様子

■兵乱の時代を思い出せ

日本でも昔、兵乱の多かった時代は保存食品中心の生活だった。その名残《なご》りで今でも京都を中心とした関西地方では他の地方より多く保存食品をとる習慣がついている。また名古屋城の畳

クな標語があちこちに飛びかうようになり、料理ページにさえ、下段のように、外国や戦地や戦国武将の話まで持ち出して説得にかかるような前文が増えた。みんな我慢していたのだ、というわけである。

この時期になると、配給の食糧はまったくあてにできなくなっていた。一日一人二合三勺《じゃく》(三三〇グラム)という「米」の配給は他の主食で代用されることが多くなった。そのため食糧の買い出しに、何時間も列車に乗って農村へ向かう人々で駅はあふれた。一九四四(昭和一九)年の米のヤミ価格は公定価格の一〇倍、その年の暮れには五〇倍に跳ね上がったという。

戦争は人間関係も破壊する。戦争前、都市は豊かで農村は貧しかった。皮肉なことに、食糧不足はその格差をなくし、やがて逆転させた。買い出し先や

はわらび、大阪城はぜんまい、熊本城は芋がらであるという風に名将が築城をする際には必ず食糧の貯蔵ということを考えたのである。その後平和な時代がつづいて豊富な海の幸、山の幸が自由自在に手に入るため、現在のような生鮮食本位に発達してきたのである。

そこで最後に主婦の方々に特にお願いしたいのは料理の革新ということである。(略)かくて初めて主婦の力を積極的な戦力として活用することが出来るのである。

(衆議院議員・牧野良三／『婦人之友』昭和一九年六月号)

■都市住民は残らず戦闘員

「戦闘前の汗の一滴は戦闘の血の一滴」。これは、太平洋最前線のラバウ

疎開先で意地悪をされ、人間不信になった人も多い。が、迎える農村の側にしてみても、食を求めて都会人が大挙押し寄せてくるのはおもしろくなかったはずだ。農民が食うや食わずだったころ、都市の住民は白米中心のリッチな食生活を謳歌《おうか》していたのだから。

そんな状況の下でも料理記事は生きていた。しかし、それはもはや「レシピ」などと呼べるようなものではなく、絶望的な食糧難の中でどうやって生き延びるかを教える「サバイバル読本」に近いものだった。戦時中のメニューは戦局を反映する。戦争が末期状態に陥っていたこの時期には、栄養失調になる人が続出。食生活もぎりぎりの末期状態だったのだ。

ル守備隊勇士達の合言葉です。しかしこれはラバウルのみの鉄則ではありません。敵機はついに帝都の空にまで侵入して来ました。この空襲の体験を生かして、食生活をさらに工夫し準備し直す必要はないでしょうか。（略）空襲の度重なるにつれて被害の範囲も広く、その程度もなおなお烈《はげ》しくなることを思えば、罹災《りさい》後の食生活といえども挺《てい》身隊《しんたい》ばかりを頼れぬでしょう。

　しかし都市に残る以上は、一人残らずが戦闘員です。たとえ幾度《いくたび》爆撃をされようとも、素早く立ち直り、次の空襲を受けるまでに全力を挙げて戦いへの力を蓄える気構えがなければなりません。

（筒井政行／『主婦之友』
昭和二〇年二月号）

いもとかぼちゃの下剋上

◆米の末路は汁ばっかりの雑炊

というわけで貴重な米の使い道も、もう「節米《せつまい》」なんていう生やさしいものではなかった。この時期の米の調理法、それは冷ご飯で作る雑炊《ぞうすい》だ。炊き増《ぶ》えのする米の炊き方（八九ページ参照）をたとえ研究したとしても、それを雑炊にするのがこのころの基本。

一九四四（昭和一九）年には町に「雑炊食堂」なんていうものもできた。外食券（米穀通帳を示して交付してもらう食券）がなくても雑炊が食べられる食堂で、昼食時には毎日長い行列ができたという。

〈大きな鍋から、丼八分目につけてくれる雑炊は、ほんのちょっぴりの米に、大根の葉や、芋のつる、

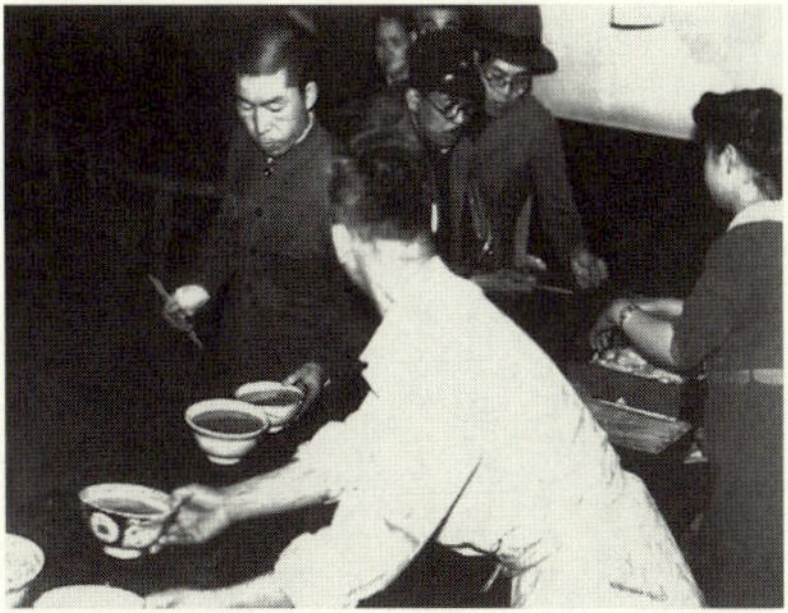

有楽町の雑炊食堂．都内に335軒あった

皮のままのじゃがいものかけらなぞを、しじみかたにしのむきみをだしに、代用しょうゆで煮込んだ、するすると吸えるようなもの〉（東京都・柏木七洋『暮しの手帖96　戦争中の暮しの記録』）という情けない内容だったとはいえ、家庭で作る雑炊だって同じようなもの。家族が疎開して単身者が増えた都会では、ありがたかったはずである。

米がこんな末路を迎えてしまった以上、別の主食が必要だ。そこで一九四三（昭和一八）年ごろから、食糧増産計画が進められた。どんなことだったのだろう。

◆都市の空き地が畑に変わる

戦争中の食生活というと、だれでも聞いたことがあるのが、いもとかぼちゃばかり食べていたという

戦争末期のいも料理

■芋茶粥（じゃが芋）

保存用の煎り米も時々は取りかえておく方がよいので、古い煎り米でおためし下さい。番茶を香ばしく炒り、米の量の五倍のお湯を加えて二分間程煮て漉し、お米を入れて沸騰して来たら、一センチあられに切ったじゃが芋を入れ、再び煮立ってきたら火を弱めます。

■じゃが芋のサラダ

蒸したじゃが芋を銀杏形か賽《さい》の目に切って野菜を適宜に取り合せ南瓜ソースで和えます。南瓜ソースはお芋と一緒に南瓜を蒸してつくります。蒸南瓜裏漉し大匙三杯に、塩小匙一杯、辛子小匙半杯、酢大匙二杯をねり合せます。

話だろう。いも、とりわけさつまいもは昔から救荒《きゅうこう》作物として知られ、江戸時代の飢饉《ききん》を救いもすれば、貧しい農村の主食としても食されてきた。戦時中のレシピにも、いもとかぼちゃの登場頻度は非常に高い。いわば戦時メニューの花形スターだ。

とはいえ、これらの人気がうなぎ登りになるのは戦争も末期になってからだった。国内の米の生産高が落ちた上、戦局の悪化によって航路が使えず、植民地からも外国からも米が入ってこなくなったため、じゃがいもさつまいも、そしてかぼちゃが、米に代わる「主食の座」にいちやく躍《おど》り出たのである。

そんななか、「おいもは大切な主食物」をキャッチフレーズにさつまいもの大増産運動がはじまり、農家だけでなく、家庭でもさつまいもの栽培が奨励されるようになった。つまり自給自足である。また、

（以上、澤崎梅子／『婦人之友』
昭和一九年一〇月号）

■美味しい切干諸の作り方

甘藷《おいも》を洗って蒸《ふ》かし、湯気が出てきたら水を打ち、なおよく蒸かして冷まし、包丁を布巾で拭きながら縦に二―三分（六―九㎜）の厚さに切る。これを一枚ずつ並べて日光にあて（夜はとりこむ）、べっ甲色になり、しんなりしてきたら、木箱または樽《たる》に藁《わら》を敷き、その上に甘藷を二段くらい並べて、藁を間に入れてまたお藷を並べる、これを繰返して、最後に藁をかけて蓋《ふた》をする（藁は古いこも、俵などをこわしたものでもよいが、なければ敷かなくてもよい）。

この箱はなるべく温度に変化のない

供出後のいもを農家が自由に販売してよいことになり、「いも駅弁」を売り出すところなども出てきた。

戦争がはじまった当初は節米のための「増量材」として、あるいはお惣菜《そうざい》やお菓子の材料として気軽に使われてきたさつまいもも、主食となればおろそかにはできない。料理ページを見ても、米と同様、どうやって「食べ延ばし(できるだけ長い間食べるようにすること)」をするかに力点がおかれている。切ったいもを乾燥させた「干しいも」などは、日持ちのする大切な主食として、どこの家でも手作りした。

当時の写真を見ると、日本はまるでいも畑列島だ。都市の空き地、植樹帯、ゴルフ場、学校の校庭などがみんな畑に変わっている。じゃがいもよりもさつまいもの栽培が奨励されたのは、気候や土壌を選ばない育てやすさに加え、グラムあたりのカロリーが

納屋か、あまり開け閉《た》てしないようなところに約一ケ月おくと、白い粉をふいて美味しくなります。

生のまま乾す時は、うすく輪切りにして日光に当て、カラカラに乾上げて缶などに保存します。

用い方は水にもどして煮てもよく、細かに切って御飯やパンに入れてもよいものです。甘藷は掘ったままではかこっておいてさえ腐りやすいのですから、こうして冬枯れや防空食糧に備えておくのも一方法です。

(食糧学校講師・小倉英治/『婦人倶楽部』昭和一九年一一月号)

食糧増産が叫ばれ，東京の市街地でもさつまいもやかぼちゃが栽培されるようになった．国会議事堂の周辺も開墾されていも畑に

高いこと（じゃがいもの約二倍）、単位面積あたりの収穫量が多いこと（じゃがいもの一・五―二倍）によるだろう。カロテンやビタミンCにも富み、栄養の点では、同じいもでもじゃがいものはるかに上をいく。

◆さつまいもは飛行機の燃料だった

もうひとつ、さつまいもに期待が寄せられた理由は、戦争中に品種改良が進んだことだ。

近代に入ってから、さつまいもは農家が自家用に栽培するくらいで、じつはそれほど重用されていなかった。それが、二〇世紀の初頭（明治三〇年代）、産業革命のころになって、突然脚光を浴びることになる。工業用のでんぷんやアルコール（酒精《しゅせい》）の原料として、注目されることになったのだ。アルコールを作る原理は、いも焼酎《じょうちゅう》と同じである。

かぼちゃの完全活用法

今年ほど南瓜《かぼちゃ》の大きくなるのが待たれることはありません。どこの家のお庭にも垣根にも這《は》うようにのび、大きな葉の合間から顔をのぞかせているあの愛嬌たっぷりな姿を見るたびに、満腹感からいっても、栄養の点からも、保存の点からも、夏の野菜の中で一等である南瓜をもう一度全面的に見直し、ことに時局下、副食的なものとしてだけでなく、主食代替の必需品としても充分に活用してみたいと思います。花も葉も、茎も用いれば、一本の南瓜から十種類の材料を取ることができます。

▲嫩葉《わかば》＝わきめに出てくる嫩葉は、茹《ゆ》でるとほうれん草以上に美味しく、真《まっ》青《さお》で美しく、味噌汁、清汁《すまし》の実、煮物、

日中戦争がはじまると、政府はさつまいもの品種改良に国策として力を入れた。石油の輸入が制限されたため、さつまいもで軍用自動車と飛行機の燃料用アルコールを作ろうとしていたのである。

その結果、多数の品種が生まれた。「護国藷《ごこくいも》」は全国で栽培されて文字通り国を救ういもとなったし、一九四二(昭和一七)年に登録された「農林一号」「農林二号」はでんぷん質の多い優良品種として知られる。戦中戦後のさつまいもの増産は、昭和一〇年代の技術革新によるところが大きいのだ。ただ、そうこうしているうちに国内の飢えが進行し、食糧増産のほうが重要な課題になった。飛行機の燃料のはずが人間の燃料になってしまったわけである。

ちなみに当時、評判が悪かったのは「沖縄(正式には沖縄一〇〇号)」と呼ばれた品種。いもの供出は

あえもの、ひたしなどに活用できます。

▲若葉＝直径《さしわたし》一〇センチぐらいの若葉は、茹でてかるくもむようにして細く切ると、これも青菜同様に利用できます。南瓜の葉は緑色が濃く、茹ですぎたとしても鮮かな色をしていますから、夏の食卓に涼味をそえます。また、強火で蒸し、乾燥させておいても香りもよく、保存もできます。

▲つる＝チリチリと巻いたつるは芯《しん》の繊維が強くて頂けませんが、嫩葉《わかば》のそばのスースーした真直《まっすぐ》な細いつるは、茹でるとちょうど糸みつばのようで、味噌汁、清汁の青味に妙です。

▲葉柄《ようへい》＝本軸からわきへ出ている若い葉柄は皮をむき、茹でて水につけてから煮つけ、酢みそ、油いためにします。少しかためのものは繊維を斜めに切っ

重さで量られたから、品質は二の次、農家はかさがあって作りやすく、収穫の多い品種を選ぶ。配給のいもが大きいばかりで味がないと陰口をたたかれたのは、そういう品種ばかりが配給されたからなのだ。

◆かぼちゃは葉っぱも種も食え

一九四四(昭和一九)年に入ると、一家に一株、かぼちゃの栽培も奨励されるようになった。

さつまいもは苗から育てる必要があるのに対し、かぼちゃは、そのへんに種をまいておけば、勝手に芽が出て、花が咲き、実がつくまでに育つ。かぼちゃはもっとも手がかからない作物なのだ。しかも、さつまいもより貯蔵性に優れ、夏に収穫した実は冬まで持つ。さつまいもに次ぐ最後の窮余《きゅうよ》の策として、かぼちゃが主食の座に祭り上げられたのは、食糧政

て雑炊、まぜ御飯、すしなどの青味、あえもの、酢のものに用います。蕗《ふき》の佃煮《つくだに》のように生醤油《きじょうゆ》で辛く煮付ければ、お弁当などに向きます。

▲蕾《つぼみ》＝無駄花《むだばな》を蕾のうちにとり、空揚げか揚煮《あげに》にするとほろ苦く、蕗《ふき》の薹《とう》のような味《あじわ》いがします。

▲花＝雄花《おばな》は菊の花と同じようにおいしく食べられます。芯や萼《がく》を切りとり、花粉をよく洗いおとしてさっと茹で、適当に切って酢のものにします。水洗いしてからそのまま揚げてもかるくておいしいものです。

(澤崎梅子／『婦人之友』昭和一九年八月号)

策がそれほど行き詰まっていた証拠だともいえる。

ただ、当時のかぼちゃは「日本かぼちゃ」といわれる系統の品種が多く、現在の主流である「西洋かぼちゃ（栗かぼちゃ）」に比べると、でんぷん質が少なく、主食としては物足りないところがある。

そのため、かぼちゃは主食用の実というより、主食にも副食にもなる完全野菜という印象だ。種もわたも花も葉も完全活用。脂肪分の多い種は炒って砕いてナッツやごまの代用に、花はさっとゆがいて酢の物に、糸状のわたの部分は甘味が強いので煮物に入れて砂糖の代用に、というぐあいである。実が「主食」なら、それ以外の部位は「野菜」扱いだ。戦時中、さつまいもやかぼちゃの葉まで食べたというのは、それが自家菜園で育てるものだったからこそなのである。

■南瓜饅頭
南瓜は程よく切って茹で、擂鉢《すりばち》でよくつぶし、少量の塩と砂糖を加えて南瓜餡を作る。小麦粉にふくらし粉を入れて軽くこね、お饅頭の皮を作り、前の餡を包み、蒸しますとふっくりと美味しいお饅頭が出来ます。

■南瓜のシチュー
お肉の配給があった時あるいは貝類が手に入った時によいものです。南瓜を茹でてつぶし、有合せの野菜をそれぞれ適宜の大きさに切り、肉または貝と共に炒め、南瓜の茹汁を加えて柔かく煮込み、つぶした南瓜を入れてどろりとさせ、塩、胡椒で味をつけますと、南瓜の甘味で美味しうございます。

（以上、笠松八重／『婦人倶楽部』昭和一九年八月号）

◆なんでもかんでも粉にして

米よりもいもよりも扱いにくい主食も配給された。乾めん、乾パン、小麦粉などはうんと上等。戦争末期に米の代用として配給されたもの、それは乾燥大豆、乾燥とうもろこし、麦、雑穀《ざっこく》類などだった。まあ鳥の餌みたいなものである。

婦人雑誌には「粒食《りゅうしょく》」「粉食《ふんしょく》」ということばが登場した。大豆や乾燥とうもろこしや雑穀をご飯に炊き込むなどして丸のまま食べるのが「粒食」、粉に挽《ひ》いて用いるのが「粉食」だ。粒食の仕方もいろいろ紹介されていたが、消化によくないらしいということで、やがて粉食が勧められるようになった。

かくして「すいとん」の出番となるのである。戦争中の食の記憶というと、雑炊、さつまいも、かぼ

これがすいとんだ！

■穀粉を主食とするには

穀粉を上手に料理すると、食品材料の少い今日でも食べた後の腹持ちがよく、何となく満足を覚えます。種々《しゅじゅ》の雑穀の入ったお米は、配給されるたびに水加減、火加減の調節の下手なために小さい子供にとかく不消化になりがちですが、挽粉《ひきこ》にして扱い方を上手にすれば吸収もよく、老人幼児にも向く食べ方になります。

粉にするためには、石臼《うす》があれば洗わずそのまま挽けますから、栄養分の損失もなく上等です。この頃は用のなくなった挽肉器《ひきにくき》やコーヒー挽きを利用するので結構です。またお米を一晩水につけておき、ふやかしてから、よく

ちゃと並んで必ず出てくるのが「すいとん」だ。すいとんとは、粉を水でこねてだんご状にし、汁で煮た料理のこと。漢字で書けば「水団」だ。

節米料理の一種として、すいとんは婦人雑誌にも早い時期から登場していた。しかし、本格的な「すいとん時代」の到来は、やはり戦争末期ということになる。これは節米という以上に、手に入った豆や穀類をなんでもかんでも粉にする「戦時下の文化」から生まれた食だったといえそうだ。たとえレシピに小麦粉とあっても、実際には手に入った粉で作れという意味である。

このころの小麦粉は、すいとんや雑炊の汁をどろっとさせる「濃度づけ」の用途が目につく。ポタージュ状に濃度がついたスープなら、サラサラした汁よりも腹持ちがいい、というのが理由である。すい

水気を切って擂鉢《すりばち》ですっても粉になります。

（澤崎梅子／『婦人之友』昭和一九年六月号）

■すいとん

平凡な汁物ですが、小麦粉の栄養の不足を補い、寒さ時によい節米食です。まず水五勺《しゃく》（九〇cc）に塩茶匙半杯を溶き入れ、小麦粉を篩《ふる》いこみ御飯杓子《じゃくし》で捏《こ》ね合せ、そのまま二-三〇分間ほどおく。お汁は中身をたっぷりにして軟かく下煮をし、これへ前に捏ねたのを摘《つま》み入れ、浮き上れば芯《しん》まで火がとおったのですから、塩と醬油で吸物加減に味をつけ、一煮《ひとに》立《たち》させて頂く。

▼注意　①お汁の味は淡味《うすあじ》があきずに食べられて無難。②すいとんを摘み入

とんに入れるだんごには、米の粉（豆や雑穀が混じった米も粉にした）や、ご飯やいもをつぶして加えたものも多い。こうなると何がメインで何が増量材かの区別さえもつかないが、要するに「煮ても焼いても食えない素材」は、加熱してつぶすか、乾燥して粉にするのがもっとも使いやすいのである。玄米をつく一升瓶《いっしょうびん》と棒、すり鉢とすりこぎに加え、戦争の末期には粉を挽く道具（石臼《うす》など）も台所の必需品になった。

れるとき、汁は必ず沸騰させること。そうでないと汁がどろどろになる。③汁は味噌仕立てにしてもよく、また中身はいったん油炒《あぶらい》りにするとか、あるいは擂胡麻《すりごま》を入れるといっそうよい。④肉の配給があったとき、中身として入れると、栄養的にもよいし、少い肉でも一家揃って食べることができる。

（筒井政行／『婦人倶楽部』
昭和一九年三月号）

■諸すいとん

御飯が少し足りないという時これを作ると重宝。御飯をつきつぶし、これにお諸《いも》をすりおろしてつきまぜる。鍋に有合《ありあわ》せの野菜を入れて、清汁《すまし》か味噌汁に仕立て、煮立った中へ御飯を匙ですくって入れ、浮き上ったら火を止め

こんなものまで食べていた!

◆家庭菜園が大流行

　副食(おかず)に目を転じてみよう。新鮮な肉や魚はないも同然。主食の配給もおぼつかない。そんな状況が何年も続く中、最後までなんとか命脈を保っていたのは野菜であった。「ありあわせの野菜を適当に入れ」といったレシピが多かったのも、野菜だけはまあまあ手に入ったからである。

　しかし、戦争も末期に近づくと、頼みの綱の野菜の入手もあやしくなってくる。理由のひとつは農家の生産力を米を中心とした主食に集中させる必要があったこと。もうひとつは輸送の問題だ。野菜を都市に運ぶためには燃料がいる。わずかな石油の備蓄は軍事に回さなくてはならない。主食になるいもだ

る。

(『婦人倶楽部』昭和一九年一一月号)

■大豆すいとん

　すりつぶした豆に同量または三分の二の粉を加えて捏《こ》ね、人参、青菜、葱などを色どりに入れたお汁を作り、煮立ったらその中へ手でちぎりながら入れます。フワフワした卯《う》の花のすいとんができます。寒いときに喜ばれます。

(神奈川・柚木久枝/『婦人之友』昭和一九年一一月号)

けではなく、政府は野菜類全般の自給自足計画も進めた。素人《しろうと》さんに米作りは無理である。だったらせめて自分たちで食べる野菜くらいは自分たちで作りなさい、新鮮な野菜は体にも必要ですよ、というわけだ。

　料理の記事が減ったのと反比例して、婦人雑誌にも家庭菜園関係の記事が急増した。あいことばは「家庭の増産計画」。庭も軒下も屋上も、それがなければ箱でも鉢でもいいから野菜を作れ。野菜の配給が滞りがちになった一九四三―四四（昭和一八―一九）年には、どの家庭にも菜園があるのが当たり前になった。

　トマト、なす、きゅうりなどの夏野菜。小松菜、ほうれん草、春菊、からし菜、高菜、山東菜《さんとうな》、つまみ菜といった青菜類。そら豆、えんどう豆、小豆な

戦う食生活の知恵

■野菜は生で食べる

▲生野菜を美味しく食べるには

①野草でさえ一番食べやすいのは塩漬です。青臭い大根葉も刻んで塩で軽く揉む。なおその中へ、生姜、夏蜜柑《なつみかん》の皮などを刻み込めば、いっそう美味しく食べられます。

②南瓜《かぼちゃ》、冬瓜《とうがん》、甘藷《さつまいも》、人参、茄子《なす》などもそれぞれ薄く切って軽く塩をまぶし、さっと水洗いして和《あ》える。

③軽く塩揉みした生野菜二―三種を配給のとろろ昆布にまぶすのも変った美味しい頂き方。

④ぶつ切《ぎり》にしてさっと油炒めにしてもよく、わさび醤油や生姜醤油をちょっとつけ、焼海苔に包んで食べるのも素

どの豆類。ねぎ、玉ねぎ、大根、かぶ、里いも、白菜、レタス(玉ぢしゃ)……。作りやすい種類が中心とはいえ、八百屋さんに並んでいるような野菜は、ことごとく手作りされたといってもいい。ただし、栽培を禁止された作物もある。いちご、すいか、メロンなどだ。限られた土地で「なくてもいい趣味の作物」を作るのはけしからんということだったのだろう。

◆野菜の生食・乾燥・廃物利用

そんなわけで、いもやかぼちゃが主食に昇格したように、野菜の地位も格段に上がった。自分で野菜や果物を育てたことがある人ならば、やっとなった小さな実ひとつでも、宝物に見える気持ちがわかるだろう。まして食糧不足の時代ならなおさらだ。

晴しいお味です。
⑤食べ馴れるに従って切り方を大きくしてゆきます。
▲生食の注意
①寄生虫に充分注意すること。晒《さら》し粉《こ》も手に入りにくい折柄《おりから》、丁寧に水洗いしてさっと熱湯にくぐらせる。
②なお、栄養分の損失を考え、なるべく大きいまま洗い、洗ってから切るようにすること。
③生野菜をくぐらした熱湯、または塩を振った野菜を洗った水も捨てぬこと。味噌汁やスープに使う。
■捨てていたものを生かす
▲捨てていたものを取り上げる場合
ただ栄養があるから食べるという前に、これまでなぜ捨てていたかを考え

問題は、貴重な野菜をどうやって食べるかだ。もちろんていねいに料理してゆっくり味わうなんて悠長なことはもうしていられない。戦争末期の野菜の食べ方、それはずばり「生で食べる」だ。

〈第一に、刻んだり、洗ったり、火にかけたりして、折角《せっかく》の貴重な栄養分をなくしてはいませんか。／第二に、煮減りをさせて、みすみす量を減らしてはいないでしょうか。／第三に、枯葉、根、皮などをむざむざと捨ててはいませんか〉（川島四郎大佐・下田吉人博士『主婦之友』昭和一九年七月号）

トマトやきゅうりだけではない。大根もにんじんもいももかぼちゃもなすも生でガリガリかじれというう話である。野菜は火を入れるとぐっとかさが減る。そんなもったいないことはとうていできない。ビタミンを有効に摂るためと説明されているものの、生《せい》

てみましょう。
①臭いか。
②あくが強くて苦いか。
③筋ばって硬いか。
④まずいか。
習慣のように捨てていたというのも、結局はこれだけの理由があってのことです。この原因を取り除く調理法の工夫さえつけば、何でも美味しく食べられるのです。
①臭みの強い野菜は、油炒めや和《あ》え物がよい。
②あくの強いものは、茹《ゆ》でこぼして水によく晒《さら》す。
③筋ばって硬いものは細かく刻んで繊維を短くするか、摺《す》りおろすかすれば口ざわりもよく、美味しくなる。
といったふうに、それぞれの理由に

食《しょく》が求められた理由はもうひとつあった。火をなるべく使わないことである。後で説明するけれど、このころには煮炊きも自由にできなくなっていたのだった。

野菜を有効に活用する第二の方法、それは乾燥させることである。これは夏や秋に収穫した野菜を長期保存するための方法だ。塩漬けやぬか漬けという手もあったが、乾燥野菜なら非常食にもなるし、水でもどせばどんな調理にも使えるというわけだ。

野菜を有効に食べる第三の方法、それはいままで捨てていた部位の活用だ。あらゆる野菜は一〇〇パーセント使い切る。皮をむくなど言語道断。どうしてもむくときは、皮も捨てずに調理に使う。記事をよく読むと、「えっ?」と思うような部位の使い方まで含まれている。じゃがいもの芽などは、いくらよって処理してください。

▲馬鈴薯《じゃがいも》や茄子《なす》の葉は、茹でこぼして菜っ葉類と同様に使う。

▲大根葉＝いまさらと思いますが、まだまだごみ箱の中にごっそりと入っているのを見受けます。漬物も必要のない場合は、三〇秒くらい熱湯に浸けて干葉《ひば》を作る。このように一度熱を通して乾燥させたものは、いつまでも青々と戻って、栄養を失いません。

▲馬鈴薯の皮＝生で食べる以外は絶対に皮を剝《む》かぬこと。毒といわれる芽のソラニンは、熱に合うとある程度消えます。皮を剝いた場合は乾燥させて粉にする。固パンやビスケット、その他小麦粉の補いとして重宝します。

▲胡瓜《きうり》やキャベツの心《しん》は、人参、玉葱と同様だしにすると甘《うま》みがついて、調

なんでもやめたほうがよさそうだし、黄色く変色した葉や枯れ葉も捨てるなとなったら、もはや節約の範囲を超えている。

◆道端の雑草は「新鮮な野菜」

大切な野菜をできるだけ乾燥させて保存しておくとすると、新鮮なビタミン源はどうしても不足する。そこで注目されたのが、道端の野草や雑草だ。

この次元まで来ると、何が食用になって何がならないのかを知るための情報が必要になってくる。野草の中には猛毒を持った毒草もある。爆弾に当たらなくても、毒草に当たって死んだのではなんにもならない。そこで食生活のマニュアルブックなども発行されるようになった。有名なのは『食べられる野草』(陸軍獣医学校研究部・毎日新聞社刊・一九四三年)、

味料の節約になります。

(以上、川島四郎大佐・下田吉人博士〈大阪市生活科学研究所長〉/『主婦之友』昭和一九年七月号)

■野草の食べ方1

▲たんぽぽのカルシウム和《あ》え=たんぽぽの若葉をさっと熱湯に通して水に晒《さら》しておき、焼魚の頭や骨、玉子の殻などを摺《す》り潰《つぶ》して、あれば昆布も焼いて摺り合せ、好みの味をつけてたんぽぽと和えます。

たんぽぽのほろ苦さを除くには、茹《ゆ》でてからしばらく水に浸しておくこと。しかしたんぽぽの苦味は、菊科植物特有のイスリンですから、除かずに食べる方が栄養的です。

▲和え物やお浸しに向くもの=つくし、

『決戦食生活工夫集』（神奈川県食糧営団・一九四四年）などである。これらはもともと軍用目的で作られたのが（前線の兵士に野草を食わせようという発想も近代国家の軍隊とは思えないひどさだが）、食糧難を見越して一般向けに編集し直されたものだという。

野草や雑草の食べ方に混じって、こうした本には昆虫の食べ方まで載っていた。孫太郎虫《まごたろうむし》（ヘビトンボの幼虫）、ざざ虫（カワゲラの幼虫）、ゲンゴロウ、クロスズメバチの幼虫やさなぎ、などである。それを一概に「気持ち悪い」ということはできない。イナゴや蜂《はち》の子は昔から食用にしていた虫だし、孫太郎虫やざざ虫は薬や釣りの餌として知られる水棲昆虫だ。虫だから問題なのではない。虫を食べることを奨励しなければならないような事態が問題なのだ。

婦人雑誌にも野草の調理法が載った。お上品な雑

ぼけの花、すみれ、いたどり、よもぎ、ぎしぎし、はこべ、たびらこ、すべりひゆ、おおばこ、あかざ、野びる、かたばみ、たらの芽など。

▲野びるの味噌汁＝野に出て一センチほどの芽を見つけたら、少し掘るとらっきょうのような球根に白い長い茎が出てきます。洗って汁の実にするのですが、蜜柑《みかん》の皮の乾燥したものなどを一緒に入れるとお味が引立ちます。

▲味噌汁に向くもの＝クロバー、はこべ、あしたばなど。

▲アカシアの花の油炒め＝アカシアの味をご存じですか。朝鮮、満州では野草《のぐさ》と共によく利用されています。花はさっと洗って茎からばらばらにしごき、さっと炒めて塩味にします。

▲油炒めに向くもの＝れんげ草、なで

誌のコケンにかかわるとでも思ったか、虫はさすがにイナゴどまりだったが、野草の利用法は具体的だ。

〈野草を採るときは、枯葉や硬すぎる葉を除き、できるだけきれいなものを集める。／葉の裏や付け根、また茎の根元などには、幼虫や卵、泥などがついているから水洗いを充分にすること。／野草には特有の香や風味がある。また綺麗な花の食べられるものもあるから、それらを生かして調理すれば食事の楽しみも格別でしょう〉（『主婦之友』昭和二〇年四月号）

戦争が激しくなる前の野草料理（一二一ページ下段参照）なら、たしかにこれでもいいけれど。

◆茶がらも野菜、たんぱく源は魚粉

家庭内の廃物にも、食べ物さがしの目は光る。

しこの若芽、いのこづち、すぎな、あまどころなど。

（川島四郎大佐／『主婦之友』昭和一九年五月号）

■野草の食べ方2

▲あかざ＝野草のうち、一番おいしく栄養価の高いもの。ほうれん草代りに、さっと茹《ゆ》でてお浸しに、和《あ》え物に、乾して粉末に。▲すべりひゆ＝つるつるした薄赤い茎。茹でて酢味噌で和えると美味しい。▲うわばみ草＝薄赤い茎で、欅《けやき》に似た葉。さっと茹でて和え物に。皮を剝《む》いて摺《す》りおろせばとろろ芋代用。▲榎《えのき》の葉、葛《くず》の葉＝熱湯にくぐらせて乾して粉にする。パン類には小麦粉の二割くらいまで加えられます。

（『主婦之友』昭和一九年九月号）

〈あなたの家では茶殻をどうしていますか。試しに、一日に使ったお茶殻を計ってみてください。家族の五六人でもあれば、優にコップに二杯は出るでしょう。これを野菜代りに、補いに利用するのです。／茶殻の中には蛋白質《たんぱく》がある。ほうれん草にも負けぬ立派な葉緑素が残っている。ところがこれは、双方とも熱い湯には溶け出ないものなのです。貴重な栄養を残したまま、茶殻としてむざむざと捨ててしまうのは何としても勿体《もったい》ないことです〉（『主婦之友』昭和一九年五月号）

葉緑素など、栄養分と呼ぶには悪あがきに近い。お茶のビタミンCは水溶性だから茶がらには残らない。が、政府は本気で茶がらの食用化を考えていたらしい。

ついでにいうと、このころ政府がたんぱく源とし

■茶（がら）の食べ方

▲茶飯＝これから暑さに向いますから、御飯の腐敗を防ぐ手近な方法としてお茶あるいは茶殻を炊き込む。分量は適宜で結構、仕掛けた御飯に入れてさっぱりと塩味に炊く。ほかの材料を嫌いませんから、雑炊にもお粥《かゆ》にもどしどし利用してください。

▲茶入り蒸パン＝野菜パンと同じ要領で、小麦粉の補いに約三割程度の茶殻を混ぜ、時節柄味噌でお味をつけます。小麦粉、雑穀粉が手に入ったら、ぜひ試してみてください。粉コップ二杯にふくらし粉茶匙三－四杯、味噌が大匙山一杯、水は八分目程度。

まず味噌を分量の水で溶いて茶殻を入れ、粉とふくらし粉を篩《ふる》い入れてさっくりと混ぜ、濡布巾《ぬれぶきん》を敷いた蒸器に

て注目していたのは、興亜《こうあ》パンのところでも出てきた例の「魚粉《ぎょふん》」だ（四〇ページ参照）。鮮魚はもちろん、魚の塩蔵品、干物、冷凍品、缶詰といった加工品も設備も使うし、重くて輸送に不便である。そこで今後は魚粉（頭も中骨も内臓もいっぺんに乾燥させた家畜の飼料用の粉）の食用化を本格的に検討中だというのである。

〈魚粉が従来あまり用いられなかった最大の理由はその臭味《くさみ》である。魚粉で飼育した鶏の肉及び卵、家畜の肉、牛乳等の畜産品には魚臭が移るという位、相当強烈なものである〉（東秀雄『婦人之友』昭和一九年九月号）と水産試験場の技師も認めるようなしろものだが、技術開発が進んで無味無臭化に成功したという。魚の末路ここにあり、という感じである。

並べて、強火で蒸します。

▲佃煮《つくだに》＝乾燥野菜などと一緒に油で炒めてから醬油で佃煮風に煮詰めます。おむすびの心《しん》に、またお弁当のお菜《かず》などに、どんなに重宝するかわかりません。

▲和《あ》え物＝有合《ありあわ》せの野菜と一緒に、胡麻、落花生、豆腐などで和えてごらんなさい。素晴しい味です。野菜の補いは、このような工夫である程度緩和されるでしょう。

▲このほか、味噌汁に、漬物に、お浸しに、利用法は無限です。こうしてみれば、茶は飲むよりも食べるもの、茶の汁よりも茶殻こそ主になるべきときが来ているのです。

（川島四郎大佐／『主婦之友』昭和一九年五月号）

こんろも調味料も代用品

◆火なしこんろが大活躍

ところで、戦争中に不足していたのは食材だけではなかった。煮炊きするための燃料もマッチも、料理に不可欠な調味料もすべて配給制なのだ。

家庭用の炭（練炭・豆炭などを含む）は早いうちから配給制になっていたし、一九四一（昭和一六）年には家庭用のガスの使用も規制された。共同炊事が盛んになったのはガスの節約という面も大きい。

燃料不足は調理にも大きな影響を及ぼす。焼き物と煮物と揚げ物などというように、別々に火を使った料理が並ぶメニューはもちろんタブー。混ぜご飯、雑炊、すいとんなど、ひと鍋ですむ料理が多いのは、燃料の節約という意味合いもあったのだ。

火なしこんろの作り方

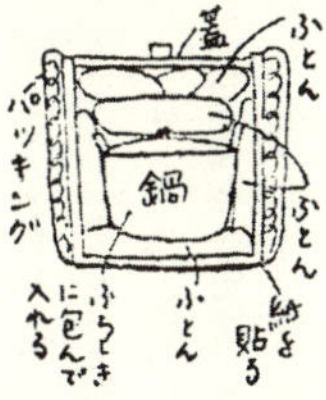

樽，桶，木箱などの内と外に紙を貼る．袋に縫った布に樽を入れ，周囲に鉋屑《かんなくず》やボロ布のパッキングを詰める．中に小さく縫った布団を入れる

代用調味料とソースの工夫

■濃厚塩水の作り方

塩を家庭で作るとなると多少手間がかかりますが、これは海水さえ手に入れば至極《しごく》簡単に作れます。

まず海水を一〇分間ぐらい煮立てて

炭がなければ七輪が使えず、ガスの使用が制限されればガスこんろも自由には使えない。そこで、古いバケツなどを利用した簡易かまどの手作りが流行し、燃料を節約できる「火なしこんろ」という手作りのアイディア調理器具も生まれた。「こんろ」と呼ばれてはいるものの、これはありあわせの箱や樽《たる》の中に手作りの布団《ふとん》を敷き、新聞紙、紙くず、ボロ布などを詰めこんだ、一種の保温ボックスだ。鍋や釜を火にかけて、沸騰したら急いで火からおろす。熱々の鍋を「火なしこんろ」の中に入れ、上から布団などをかぶせれば、余熱で火が通るという寸法である。

戦争末期にはますます火の使用が制限された。空襲への備えという意味が加わったのだ。調理中に空襲警報や警戒警報(敵機の来襲が予想されるときに鳴る

から、清潔な二枚重ねの布巾で漉《こ》し、天日で二-三日干します。これでかなり濃い塩水がとれますから、醬油注《つ》ぎに入れて適当に使います。

海水はなるべく外海の汚れのないもの、晴天つづきのあとの澄んだものが理想的です。

■代用醬油の作り方

濃い塩水で昆布《こんぶ》、若布《わかめ》、ひじきなど何でもいいですから海藻類を気永に煮込みますと、色といい味といい醬油に近いものができます。このとき炒り大豆を一緒に入れて煮るといっそうよく、煮た汁を同量の配給醬油と混ぜ合せると、さらに上等なものになります。あとの海藻や大豆は少々硬いですが、そのまま食べられます。

警報）が鳴ったら、ただちにそこで調理をストップし、防空壕に入る準備をしなくてはならない。せっかくはじめた料理を中断するのはいやだし、かといってグズグズしていたら命が危ない。火の始末を怠ったらわずかな火の粉でも火事になる。引火しやすい油の始末も問題だ。

というわけで、調理は一日に一回程度にとどめ、火なしこんろをフル活用。それ以外は火を使わない料理か生食の工夫を、ということになったのだ。

◆代用醤油に代用マヨネーズ

煮炊きする火と同じくらい不自由したのが、調味料である。砂糖の配給はすでに停止。味噌、醤油、塩、食用油、いずれも配給量が決まっている。一人一日あたりの量に直すと、塩は小さじ八分目、味噌

■配給の味噌を二倍にする法

配給の味噌に同量の漉芋《こしいも》と、味噌一〇〇匁《め》（三七〇g）に対して一五匁（五〇g）から二〇匁（七〇g）の塩を合せてよくかき混ぜ、これを湯たんぽの上にのせて毛布か蒲団《ふとん》でしっかり包み、二日間ほど適当な温度を保ちつづけるようにしておくと（冬なら湯を替えて冷めないようにする）、これで簡単に倍量の味噌ができています。

この味噌は比較的永くおいても黴《か》びず、また漉芋は甘藷を使うと一番甘く美味しくできます。

■野菜で代用砂糖の作り方

人参や南瓜《かぼちゃ》のわた、甘藷などをおろして、笊《ざる》に布巾を敷いた上にひろげ、からからになるまで天日で干して、焙《ほう》

は小さじ二杯半、醤油は大さじ一杯半、油は小さじ一杯程度。心もとないような分量である。これだけの味噌では、味噌汁一杯分くらいにしかならない。

　そのため婦人雑誌は、配給制度がはじまると同時に、調味料の計画的な利用の仕方を口をすっぱくして説いてきた。醤油は濃いだし汁で割る、味噌に油で炒った小麦粉を混ぜるといった増量の方法や、塩の代わりに漬け物の汁を利用する、酢が足りないときは柑橘《かんきつ》類の汁で補えといったアイディアも少なくない。

　だが、これも戦争末期になると「増量」ではなく、調味料そのものを手作りするような話になってくる。下段（一三七―一四一ページ）に示したのは終戦前後のレシピだが、海水にまで頼るほど追いつめられていたことがわかる。


烙《ろく》かフライ鍋《パン》で焦げない程度に炒ると、甘味のある粉末となりますから、瓶に入れて貯えておき、煮物、和《あ》え物、蒸パンなどに使います。

■玉子を使わぬマヨネーズ
　小麦粉（生大豆粉や食用粉でもよい）でとろっとした糊《のり》を作って冷まし、塩を入れ、酢一に油一〇の割合に加えてよくかき混ぜる。溶き芥子《がらし》を入れるとなおよい。

　玉子も油も使わぬ法は、馬鈴薯か甘藷を煮て突きつぶし、塩、胡椒を振りかけ、酢でどろっと伸《の》ばす。

■炒り大豆の代用バタ
　大豆を香ばしく炒って、できるだけ細かく摺りつぶし、塩と油を少々落と

代用調味料のほかに婦人雑誌が得意としたのが「手作りソース」の記事だった。代用トマトソース、代用バター、代用マヨネーズのたぐいである。

この期に及んで代用マヨネーズもないと思うかもしれないが、ことはそう単純ではない。ふだん生では食べない野菜を生食したり、苦くて硬くて青臭い野草や鮮度の落ちた魚を食べるためにはどうするか。マヨネーズのような濃い味のソースで味をごまかして飲み込むのがいちばん無難な方法だ。ところが、瓶入りのマヨネーズなんていう便利なものはとうの昔に手に入らなくなっていたし、卵の配給もいつのまにか消えていた。手作りソースは「食えないものを食う」ための、おそらく苦肉の策なのだ。戦時期のメニューにカレー粉を使った料理が意外なほどに多いのも、味をごまかすための策だったと思えば納

してなおよく摺り上げると、ピーナッツバタ同様になります。

（以上、『主婦之友』昭和二〇年八月号）

■少い材料は潰して調味料に

五人家族で、配給されたお魚がたった一切《ひときれ》。どうにも工夫の余地がない――と匙を投げる前に、調味料に活用することを考えてみましょう。

▲潰し魚のソース

魚少々、沢庵《たくあん》（有合《ありあわ》せの漬物でよい）、大根葉（人参葉）など。魚は蒸して潰《つぶ》し、みじんに刻んだ材料と一緒に代用マヨネーズに混ぜ込む。

▲塩辛ソース

塩辛、葱、蜜柑《みかん》皮、大根葉、人参など。塩辛は包丁で叩き、みじん切《ぎり》の野菜と混ぜ合せる。塩鮭、塩鱈《だら》なども摺

得がいく。

　手作りソースのレシピにはしかし、泣けてくるようなものが多い。小麦粉で作った糊《のり》に味を足した、ソースというよりはディップに近い。それとて塩や油をたっぷり使うわけにはいかないから、じつは間のぬけた味だったにちがいない。なかには〈醤油、ソース、酢、塩、胡椒、油、ウォスターソース、芥《から》子《し》、蜜柑《みかん》の皮、らっきょう、その他香辛料等々、手《て》許《もと》のあらゆる調味料を動員して、自分の舌に合せて調合し、混ぜ合せてちょっと煮立てたもの〉(『主婦之友』昭和一九年七月号)を「野菜の生食にすすめたい自家製ソース」として紹介している例もある。味がありさえすればオッケーということだったのだろう。

り漬して応用するとよい。

■トマトソース
材料＝トマト、大根葉(青菜なら何でもよい)、にら(なくてもよい)、調味料はごく少量ずつ。
作り方＝小麦粉で糊を作り、少しの油、塩、胡椒、醤油などで味を調えたところへ、野菜類を全部刻み込む。
(以上、『主婦之友』昭和一九年九月号)

戦時調味料のレシピにそえられた挿絵

空襲警報が鳴ったら

◆炒り米も高野豆腐も乾パン代わり

さて、ここまでは、まだ日常の食生活の範囲内の話である。戦争末期の生活の困難は、非常食の問題を考えるとよくわかる。今日食べるものにさえ窮しているのに、緊急用の食糧を別に確保しておかなければならない。それが空襲下の暮らしなのだ。

緊急用の食の備えは三段構えでしておく必要があった。①長期戦用の非常食、②短期決戦用の携帯食、③非常炊事の備えである。雑誌に載っているのは理想的な例で、実際にここまで準備するのは不可能だったかもしれない。しかし、ま、ともかく見ておこう。

非常食は非常用の袋に入れておく保存食だ。地震

空襲に備えた非常食

■炒り米の作り方三種（口絵三ページ参照。写真上からⒶⒸⒷ）

Ⓐ玄米または配給のお米を生のまま、焙烙《ほうろく》かフライ鍋《パン》で気長にこんがり炒り（あまり強火より中火程度がよい）、塩をパラッとふる。香ばしくて美味しく、少量で満腹感を覚える最適の非常食品。

Ⓑお米を三‐四時間水につけてから乾《ほ》し、前のように炒って塩をふると、生のままで炒ったのより軟かく、量もふえて歯の弱い方やお子さん向。しかし普通大人には前の方がうまみがあってよいようです。

Ⓒフライ鍋にごく少量の油を熱し、水につけて乾したお米を前のようにして炒る。これは美味しく脂肪分もとれる。

などの災害に備えて非常用持ち出し袋に入れておく乾パンなどと同じである。非常食の条件は、煮炊きしないでそのまま食べられること、長期間保存できること、携帯に便利なこと、少量でも十分に栄養があること、食べ飽きないことなどだ。

こうした条件を満たす配給の乾パンは、量が限られている。そこで日本古来の非常食「糒《ほしい》（干し飯）」や「炒り米」の常備が奨励された。毎月の配給の米の中から一定量を天引きし、少しずつ炒り米を作りためておくのである。また、こんな方法もあった。

〈非常用には干飯《ほしい》をと、これは常識になっていますが、干すのに手間がかかるのでつい億劫《おっくう》になりがちです。家《うち》では洗い流しの一粒のお米も丹念に集めてお皿に取り、湯気の上っている薬缶《やかん》に、蓋《ふた》の代りにのせておきます。こうすると二、三時間でからからになります。これを壜に貯えておき、炒ってお茶漬にしたり、お粥にしたりして重宝しています〉

また煮干や小魚の干物を細かく切って加えるといっそう結構です。

（『婦人倶楽部』昭和一九年九月号）

■主食を補う非常食

▲高野豆腐＝高野豆腐《こうやどうふ》は生で食べられる。これこそ日本古来の立派な乾パン、ビスケットです。最初は口がもぞもぞするようですが、少しずつ含んで永く嚙みしめていると、底知れぬ美味しい味が出てきます。これは質のよい植物性蛋白質《たんぱくしつ》ですから、肉代りの立派な携帯食となるのです。**▲煎茶**＝野菜の代用として心して確保してください。茶は飲むものと定《き》めていますが、葉をそのまま嚙んで食べてもよく、これさえあれば野菜類が手に入らなくても、保健上障《さわ》りはありません。

らに干せるので、少しずつ作って缶に貯えています〉（山中善子『主婦之友』昭和一九年四月号）

こんな一円玉貯金みたいな方法で、どれほどの非常米が備蓄できたかは疑問だが、何もしないよりましである。こうやって作りためた炒り米や干し飯は、いざというときのため缶に入れて大切に保管した。

非常食として、米以外に登場するのが大豆を炒った炒り豆。そして、するめ、高野豆腐《こうやどうふ》、切り干し大根、かんぴょう、昆布、干ししいたけといった乾物類だ。もちろん自家製の乾燥野菜もここに入る。乾燥品は長期保存が可能で携帯しやすい優れた非常食である。水でもどせば調理にも使える。しかし、高野豆腐が乾パンの代わりになったとは。

（川島四郎大佐／『主婦之友』
昭和一九年五月号）

■数日間はもつ携帯食

晩に一日一回調理をして晩、朝、昼の食事の用意は出来ておりますが、お昼から晩までの間、何もないのは不安なので、非常時用の準備食を、三日間ずつ用意しております。これは、いざという場合は、食器、炒り米、缶詰類と一緒に一まとめにし、小さい蠅帳《はいちょう》に入れて壕に持って入ります。外出の時は携帯食として必ず持って出ます。

▲さつまいもとメリケン粉の蒸パン＝さつまいもを蒸し、大体同量の粉を入れ、塩少々を加えてよくつきこみ、枕形にまとめて蒸します。それから小口に切っていただきます。

◆最後の備え、防空食と戦場食

携帯食は短期決戦用の食糧だ。要するに一昼夜くらいはしのげる当座の「お弁当」である。

空襲下の暮らしは、いつも危険と隣り合わせだ。毎夜のように警戒警報や空襲警報が鳴る生活。食事中であろうが就寝中であろうが、警報は容赦なく襲ってくる。たとえ難を逃れても、出先で警報が出て足どめをくったり、配給が何日もストップしたり、甚だしい場合は焼け出される可能性だってある。外出時には必ず食糧を身につけておくことが必要になった。

見方を変えれば、いつ警報が鳴ってもいいように、日々の食事も、汁ものなどより手づかみで食べられる携帯食風のものが望ましいことになる。

警戒警報が鳴ったら、すぐに準備しなければなら

▲みそ入り蒸パン＝この蒸パンには、ふくらし粉を入れて作りました。作り方は普通の蒸パンと変りなく粉四合(七二〇cc)に対し二〇匁(七〇g)のおみそをいれる割合でよいようです。おみそを入れますとお味もよく、大分永くもちます。

（大倉経子／『婦人之友』昭和一九年一二月号）

■卯の花せんべい＝卯の花が配給になった時にこしらえておきましょう。卯の花に同量のメリケン粉をまぜ、塩少々入れてこね合せ、のし棒で薄く伸し、丸型あるいは角に切り、フライパンに少量の油を引いて焼きます。

（勝浦雪枝／『婦人之友』昭和一九年一二月号）

ないことは二つあった。まず、ありったけの容器に飲用水をためること。目安は一人一日二リットル。次に万一に備えて一昼夜はしのげるくらいの携帯食を用意すること。おにぎりがベストだが、そんな米があればだれも苦労はしないのだ。そこで壕内に持って入れる蒸しパンなどが工夫された。これはあらかじめ作っておき、外出時にも携帯するという寸法だ。

さて、最後の備えは、空襲で焼け出された場合を想定した「非常炊事」の準備である。大切な食材は土に埋めるなどしてしっかり保管。避難のときには最低限の調理器具と食器をバケツなどに入れて持ち出す。

そして実際、辛うじて命は助かっても、家が焼失するような事態は珍しくなかった。なにせ戦争なの

焼け跡での非常炊事

料理道具は何一つ持ち出せなかったとしても、バケツで結構御飯が炊けます。洗面器で汁もできれば煮物もできます。待避壕《たいひごう》の入口にあるシャベル、これは立派なフライ鍋。もし油があればこれで非常袋の中の乾燥野菜を炒める。こうした機転で同じものも美味しく食べられるのです。爆風で落ちた瓦《かわら》、これも重宝な調理器具、お米やお豆が即座に炒れます。干魚《ひもの》も焼けます。

（川島四郎大佐／『主婦之友』昭和一九年一〇月号）

■若布すいとん

関東大震災の焼野原で、最初にできたのはすいとん屋だったといいます。

である。空襲で焼けた地域には炊き出しが出ることになっていたが、それは一時のことであり、早晩《そうばん》、焼け跡での生活をスタートさせなければならない。もう共同炊事はいやだともいっていられない。

〈主婦自身の手で道端の土を掘ってかまどを作り、有合《ありあわ》せの器をかけて温い戦場食の煙をあげましょう。このときにこそ、平素心掛けてとっておいた非常米、非常用貯蔵食品が役立つのです〉（筒井政行『主婦之友』昭和二〇年二月号）

すでに完全なアウトドアライフ、というより古代の野戦場である。ここではじめて、温かいすいとんの価値がわかる。疲れ切った心と身体に、湯気の立った熱い汁物はいくらかの元気を与えただろう。婦人雑誌は壕内で食べられる当座しのぎの携帯食を「防空食」、野外での非常炊事を「戦場食」と呼んだ。

小麦粉が手に入ったら、まず野戦的なすいとんで精力をつけましょう。小麦粉を水で捏《こ》ねて一口程度にちぎって茹《ゆ》で、浮き上ったところに若布《わかめ》と煮干を入れて味噌で味を調えます。すいとんは冷御飯と小麦粉を混ぜてもよく、雑穀粉を入れると、また変って頂けます。

（松野愛子／『主婦之友』昭和一九年二月号）

■即席すいとん

熱湯さえあればこんな簡単なこともできます。炒米粉《いりごめこ》、または小麦粉の炒ったものを熱湯でよく溶いて丸め、熱湯に醤油を滴した中に浮《う》かす。お汁を味噌味に仕立てればいっそう美味しい。

（川島四郎大佐／『主婦之友』昭和一九年一〇号）

5 戦争と食生活

焼け跡のレシピ

焼け野原になった敗戦後の八王子．占領軍の車両が見える

戦下のレシピから見えるもの

◆戦争が終わった日

一九四五(昭和二〇)年の三月ごろから、空襲はますます激しさを増した。攻撃目標は軍需工業地帯や軍事施設から、一般の市街地に移り、焼夷弾《しょういだん》によって都市そのものが破壊されるようになる。

三月一〇日の東京大空襲は、なかでも犠牲者の多かった空襲だ。死者は推定一〇万人。下町を中心に東京の四割が焼失し、二七万戸が焼けた。その後、空襲は地方都市にも及び、敗戦までに空襲を受けた市町は一四〇以上になる。一方、アメリカ軍は二月に硫黄島を占領、四月には沖縄本島に上陸した。日本で唯一の地上戦である沖縄戦が三か月も続き、一〇万人以上の民間人が戦闘の犠牲になった。

広島の小学生の詩

■無題

よしこちゃんが
やけどで
ねていて
とまとが
たべたいというので
お母ちゃんが
かい出しに
いっている間に
よしこちゃんは
死んでいた
いもばっかし食べさせて
ころしちゃったねと
お母ちゃんは
ないた
わたしも

だれが考えてもわかるように、日本は完全に負けていたのである。五月にはドイツが降伏し、ヨーロッパにおける第二次大戦は終結していた。イタリアも一九四三（昭和一八）年には降伏していたから、まだしつこく戦っていたのは日本だけだったのだ。

八月六日には広島に、九日には長崎に原子爆弾が投下され、ソ連の参戦をきっかけに、四五年八月一五日、日本はやっと無条件降伏した。この戦争で死亡した民間人はざっと五〇万人といわれる。

こうして長かった戦争は終わった。国民一人あたりのエネルギー摂取量は一九三一―四〇年（昭和六―一五）年の平均値を一〇〇とすると、この年は六六。二四〇〇キロカロリーという国民食栄養基準もどこへやら。一八〇〇キロカロリーを下回るほどに落ち込んだ。数字には出てこないけれど、栄養失調や飢

ないた
みんなも
ないた
（広島市・小学五年・佐藤智子／『わたしがちいさかったときに』）

空襲で破壊された新橋駅前にも畑が作られた

えで亡くなった赤ん坊、子ども、お年寄り、病人などもじつは多かったのではないかと想像される。

婦人雑誌の雰囲気は、四五年の八月を境に急に気が抜けたようになる。「決戦」「非常」「戦場」といった文字は、いつのまにかきれいに消えた。

◆食感がない、味もない

さて、戦争中の料理、そして食生活とはどんなものだったかを、もう一度ふりかえってみよう。

まず、量が決定的に不足していた。これはだれでも知っていることだ。しかし、レシピを細かく見ていくと、もっといろいろなことがわかってくる。

まずテクスチャー、つまり食感や歯ごたえがない。これは材料不足を補うために、なんでもかんでもすりつぶしたり粉にして増量材に使うことから来る。

■日本人の体位の推移(一四歳男女)

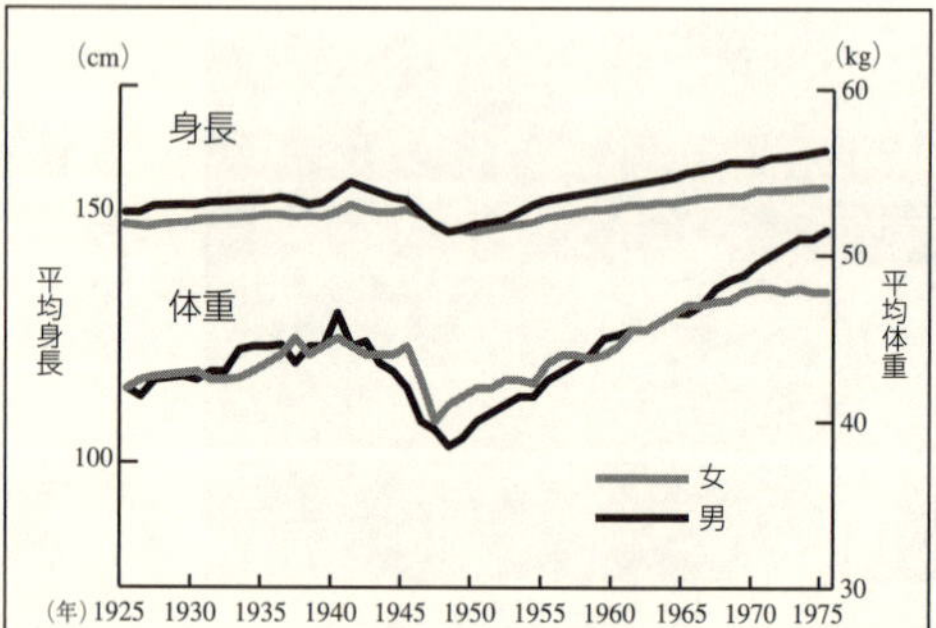

一九四〇―四八年で男子の平均身長は一〇センチ、平均体重は八キロ減。戦前の値に回復するのに一〇年を要した

料理の多くはモサモサしているか、ドロドロしているかに偏る。かといって、その手間を省けば、今度は異常に固いものや筋ばったものを食べなければならなくなる。戦争は、カリッ、パリッ、サクッといった気持ちのいい食感を料理から失わせるのだ。

そして味がない。調味料をケチって使うから、どんな料理も薄味で頼りない。その上、燃料が制限されて火が自由に使えず、冷蔵庫だってないから、熱くも冷たくもない。どんな料理も半端に生ぬるいのである。湯気の立った雑炊《ぞうすい》やすいとんは、「熱い」というだけでもごちそうだったのではなかろうか。

しかも、戦時中は、あらゆる食品の品質が劣悪だった。小麦粉やうどんは黒ずみ、家庭で精米した米はボソボソ、味噌も醤油も油も味が悪い。生大豆粉や魚粉《ぎょふん》に代表される強烈な匂いの食材も使わざるを

戦争中の食の記憶

■おから

千田町で知人が豆腐製造をやっていることを知り、訪ねてみると、長い行列がその豆腐屋を取巻いていた。自由販売のオカラを手に入れようとする行列であった。私も長い時間をかけて、一かたまりのオカラを手に入れた。

その日の夕食には、そのオカラに小麦粉を少しつなぎに入れ、塩をふりこんでフライパンにならべ、家族そろって七輪をかこんで、オカラまんじゅうを焼きながら食べた。子供たちは、ひさしぶりに満腹したのか、機嫌よく、はしゃいでいた。

それからは、足しげく、その豆腐屋へ通った。そのたびに、タンスから木

得なかった。同じレシピで作った料理でも、いまの材料で作ったものとは格段の差があったはずだ。

そのような劣悪な条件の中で、婦人雑誌の料理記事は平時に養われた「栄養」と「愛情」という二つのおきてを最後まで死守し続けるのである。これは戦時中の食材の限界と婦人雑誌の特殊性があいまって生まれた、独特の文化だったようにも思う。

現在でもそうであるように、雑誌に載る料理は人々の食生活をそのまま反映しているわけではない。そのときどきの条件の下で、もっともおしゃれな料理、気の利《き》いた料理を提示するのが婦人雑誌だからだ。当時の人々が食べていたのは、実際には、この本に出てくる料理よりずっと単純で、変化に乏しく、簡素で、さらにいえば悲惨だったはずである。手に入る食材を最大限生かし、精一杯がんばった「上

綿の着物が姿を消した。

（広島市・小久保よう子／『暮しの手帖96　戦争中の暮しの記録』）

■いもまんじゅう
家の庭は、すべて畑になっていました。かぼちゃ・さつまいもなどを作りましたが、そのかぼちゃは一かかえもある大きなものだったと記憶しています。本当に大きかったのか、それとも、私の体が小さかったから、大きく感じたのか、そのへんは良く分かりませんが。

さつまいもは茎まで、食糧になりました。たとえばさつまいもを、うすぎりにして日に干し、粉にして、だんごにします。そのほか、さつまいもを切って、上に小麦粉のこねたものをかぶ

限」がこれなのだ。全体のレベルがそこから逆に推《お》し量れる。

◆寝不足で重労働なのに飯がない

味や食感のほかにもうひとつ、忘れてはいけないことがある。空腹であることに加え、当時の暮らしは肉体的、精神的な疲労が大きかったことだ。

食卓の準備ひとつにも、おそろしい時間と手間がかかる。配給の行列に毎日何時間も並んだり、遠路はるばる買い出しに出かけなければ、今日食べるものもない。調理の準備もたいへんだ。玄米を棒でついて精米する、石臼《うす》をゴリゴリ挽《ひ》いて雑穀《ざっこく》を粉にする、何時間も水でもどさなければ使えない食材がある、ほうろくで炒らなければ食べられない食材もある。その上、畑で野菜を育てて干しいもを作る。飯

せて、ふかします。これはちょうど、さつまいもの上に、ぼうしをかぶせた感じです。誰がいいだしたのか〝ほおかむりまんじゅう〟と、よんでいました。

（千葉県・真貝節子／『別冊中央公論2　親が子に残す戦争の記録』）

■糠の団子

毎日食べるトウモロコシのおかゆの中に、母はこっそりとフスマを入れるようになりました。夜なべに母とトウモロコシの粉をひきうすでひくことは、昼間働き疲れた私達にとって大変な仕事でした。何回も何回もひいてはふるい、ふるってはひき、最後にフルイの上に残った一つかみの糠《ぬか》。或る晩母は私に言いました。「もう一度碾《ひ》いて、

のためだけに費やされる時間とエネルギーの膨大なこと。

しかも戦時の暮らしは、炊事以外の仕事も非常に多いのである。衣料品も不足していたから、主婦は縫い物や繕《つくろ》い物にも毎日何時間もかけなければならなかった。ある調査では、修繕と物資確保に費やす時間だけで一日平均六時間にも及んだという。その上、隣組《となりぐみ》や婦人会など外での活動も待っている。

子どもたちも同様だった。一四歳以上の男女の勤労奉仕が義務化され、中学生も女学生も工場や農村に動員された。少国民《しょうこくみん》と呼ばれた子どもたちさえ学校で畑を作り、疎開《そかい》先でも農作業に駆り出された。

そしてみんなが睡眠不足だった。戦争の末期には毎晩のように空襲警報が鳴り、都市の住民が布団でゆっくり眠れた日は一日もなかったほどだという。

これを二人で焼いて食べようか」

二人で食べた糠の団子、それは小さな梅の実くらいのものでしたが、私はもう寝てしまっている家族にすまないような気がしました。全く何もなかったのです。塩もありませんでした。漬物の水も捨てないで、粉で団子をつくる時にその水でこねたりしました。おっかどという木の実には、塩気がありましたので、取って来てしゃぶったこともありました。でもこの実をあまりしゃぶると、舌がこわれて血が出ました。

(青梅市・新井オイツ/『暮しの手帖96　戦争中の暮しの記録』)

■手作りお菓子

月に一回(注・集団疎開先での)面会

加えて精神的な重圧感。「欲しがりません勝つまでは」「ぜいたくは敵だ」といった標語の前では、我慢が当たり前だった。表だった批判はできず、隣組の目が光っているから勝手な振る舞いも許されない。日常生活の一部始終がわずらわしいことだらけ。食糧をめぐる争いもそこここで起こった。

そんなことは戦争の中の枝葉の部分でしかない、と思う人もいるだろう。でも、じつは、寝不足で重労働で飯がない、それが戦争の本質かもしれないのだ。

日があり、都会から親たちがリュックに一パイの食糧を持ってきます。そんな時は、子供らはお祭りです。さんざん食べすぎて、おなかをこわす子もいます。しかし、菓子なんかは見ることもできず、みんな親の手作りです。

たとえば、干しうどんを油で揚げたもの、配給の大豆を炒っただけのもの、大豆を炒って塩汁につけたもの(しわがよっていて、塩気があり、やわらかい)、そら豆の炒ったものなどです。こうした、いまどきの子なら見向きもしない、菓子代りの食糧を、子供たちは大切に、お茶のアキカンなどに入れて、めいめいの行李《こうり》にしまいこんでおき、空腹をまぎらしたのです。

(愛知県・渡辺玲子/『暮しの手帖96 戦争中の暮しの記録』)

なぜ戦争は食糧難を招くのか

◆戦地に送るから食べ物がない？

根本的な問題に立ち返ってみよう。戦争になると、なぜ食べ物が欠乏するのだろうか。

戦争体験者の答えは案外と心もとない。「軍隊に食糧を供出《きょうしゅつ》させられるからでしょう？」

戦地の兵隊さんに送るから食糧がない——これは理屈にあっていない。たしかに軍隊は兵士の食糧を大量に必要としたが、兵士が何人いようと、国民の総人口そのものは変わらないのだ。まして旧日本軍は、食糧について甘く見ていた。太平洋戦争がうまくいかなかった理由のひとつは、食糧の補給や現地調達に失敗したことだ。補給船が次々に沈められ、南方の島では兵士たちが自ら土地を開墾《かいこん》し、いもや

かぼちゃを育てた。それでも大勢の餓死者が出たのである。戦地では内地よりいっそう食糧に窮《きゅう》していたのだ。

戦争になると、なぜ食べ物がなくなるか。

ひとつめの理由は、すべての産業に軍需が優先するからだ。男たちは戦地に召集され、戦地に行かない男女は軍需産業に駆り出され、繊維工場や食品工場など、日用品を作る工場もことごとく軍需工場に転業させられた。農村の人手は手薄になり、それまで伸び続けていた米の生産量は、一九四〇（昭和一五）年をピークにとうとう減少に転じた。

もうひとつの理由、それは輸送の問題だ。

戦争になると、どこの国でも「食糧の国内自給」を呼びかける。それは経済封鎖や海上封鎖などで輸送路が断たれ、外から物資が入ってこなくなるから

空襲で廃墟と化した東京の中心に、皇居の緑だけが変わらぬ姿をとどめていた。アメリカの戦略爆撃の精度に、近代的な戦争の恐ろしさを感じる

どんぐりも食用に

どんぐり粉は、そのまま捏《こ》ねて何にでもして食べられますが、どんぐり粉だけの場合は、水で捏ねるとまとまりがわるいから、必ず熱湯で捏ねること。なお、他の粉類、芋類などをまぜて食べるのも結構。

■どんぐり団子

どんぐり粉に塩を少し入れ、粉の升《ます》

だ。食料品だけの話ではない。石油であれゴムであれ、資源のどれかひとつが欠けても近代国家の機能は麻痺《まひ》する。一九四一（昭和一六）年に、アメリカが対日石油輸出を禁止したことで、日本は大打撃を受けた。その穴を埋めるために東南アジアへの進出を企て、太平洋戦争をしかけたものの、制空権も制海権も奪われて、資源の備蓄は減る一方。燃料がなければ国内の輸送だって滞る。どこかに食べ物があったとしても、家庭に届かなければないも同然なのである。

戦争は戦闘や空襲のことだと思ってしまいがちだ。しかし、戦闘は戦争のほんの一部分でしかない。戦争の大部分は、物資の調達、運搬、分配といったいわば「お役所仕事」である。日本政府と旧日本軍はそこを甘く見ていたということだ。

目《め》の約二分の一の熱湯でよく捏ね団子にまるめて、煮立っている鍋に入れ、浮いたら掬《すく》いあげ、冷水にちょっとつけて水をきり、きな粉をかけるかまたは好みの味で頂く。

■どんぐり麺の煮込み

どんぐり粉四、小麦粉六の割合で、塩を溶きこんだ捏ね水でよく捏ね合せ、三〇分くらいそのままおき、これを小麦粉をふった俎板《まないた》の上へとって一分《ぶ》（三㎜）程度の厚みにのばし、細くうどんに切り、実にする材料を軟く下煮し、味をつけた煮汁の中に、うどんをばらばらほぐし入れて煮込む。

（以上、東京都食糧研究所指導課長・筒井政行／『婦人倶楽部』昭和二〇年八月・九月合併号）

◆食用粉、どんぐり、海藻めん

戦局が悪化するたびに、食糧事情も悪化していったのはいままで見てきたとおりである。

日本の負けが決定的になった一九四四―四五(昭和一九―二〇)年の二年間には、外からの米もとうとう一粒も入ってこなくなる。空襲によって都市の機能も完全にストップ。政府は、敗戦の直前、四五年七月に、とうとう主食の配給を、規定の二合三勺《じゃく》(三三〇グラム)からさらに一割減らすことに決めた。にっちもさっちもいかなくなった証拠である。

一九四五年の秋にはしかも、米がますます手に入らなくなった。空前の凶作《きょうさく》と、供出意欲を失った農家が供出を控えたためである。

配給制度はもちろん継続していたが、米の代用食

敗戦後のさつまいも料理

■栄養ランチ

大豆を軟く煮て粗《あら》くすり潰《つぶ》しておく。次に大切りの甘藷《かんしょ》、人参、葱などを油で炒め、水をひたひたくらいに入れて(お豆のゆで汁を利用)火にかけます。野菜が軟くなったら塩味をつけて潰し大豆を混ぜ入れ、最後に缶から出した鮭をほぐし入れて火から下します。

(土井静子／『婦人倶楽部』昭和二〇年一一月・一二月合併号)

■お藷のオムレツ

甘藷《さつまいも》を蒸すか茹《ゆ》でて潰《つぶ》したものと、有合《ありあわ》せの野菜を、潰し藷の四分の一ほどみじん切にして油炒めし、塩味をやや濃くつけて混ぜ合せ、人数分に分け

としてこのころ配給されたのは「食用粉」と呼ばれる正体不明の穀物の粉と、「海藻めん」と呼ばれる、謎の乾めんだった。

「食用粉」とは、小麦粉のことではない。麦にさまざまな穀類を混ぜて挽いた「粉」としか呼べない「粉」である。ふすま（小麦を挽いたときに出る皮のくず）が混じっていたり、何の粉だかわからないものも入っていた。一方の「海藻めん」は、さまざまな海藻を乾燥させたもので、水でもどすのに二時間もかかるという頑強なしろものだ。形状はめんに似ていても、原料が海藻だからカロリーはゼロ、栄養分もゼロ。あるのはせいぜい食物繊維。これが悲しい「主食」の末路だ。婦人雑誌にはどんぐりの利用法も載った。

ておきます。

別に、小麦粉でも食用粉でも、一人前中匙二杯の割でどろどろに水溶きし、フライ鍋に油少々を熱してから流し入れ、ブツブツ火が通ってきたら、前の野菜入りの潰し藷を棒状にして真中《まんなか》にのせ、オムレツのように包めばよいのです。

付合《つけあわ》せには、大根おろしにみじん切りの葱を混ぜ、醤油をかけたものがよく合い、栄養の点から言っても結構です。

■甘藷の炒め蒸し

甘藷《さつまいも》をせんに切り、炒め物には少し多い目の油を弱火《とろび》にかけて蓋《ふた》をし、ときどき焦げつかぬようにかき混ぜながら炒め蒸しにしたものです。これに野

◆まだまだ続いた食糧難

戦争は食物の地位を変える。戦争がはじまってしばらくの間、いもやかぼちゃは「代用食」「増量材」の地位にとどまっていた。「あーあ、またかぼちゃ?」の世界である。ところが、さらに食糧難が進むと「せめてかぼちゃをお腹いっぱい食べたい」になる。

戦後の食糧難は、戦時中以上に悲惨だったといわれる。主食はあいかわらずのさつまいも。焼け跡のバラックで生活を再スタートさせた人々を待っていたのは「たけのこ生活」であった。農家へ着物を持参し、食糧と交換してもらう。着物を一枚一枚はがすような生活なので「たけのこ生活」。買い出しの苦労も戦時中以上だった。戦争が終わっても、食糧事情がただちに改善されるわけではないのだ。

菜入りの貝のお汁を添えると簡単で栄養も満点です。

（以上、『主婦之友』昭和二〇年一一月号）

■はまぐり焼（お弁当用）

粉がある時はふくらし粉と塩を加えて手軽なホットケーキのようなものをやき、二つ折りにして中につぶし芋をたっぷりはさんで二つに切ります。ちょうど三角型の底のまるいはまぐりのような形になります。時間があれば火箸をよくやき、はまぐりのような筋目をつければ、見た目も変ってきれいになります。

（澤崎梅子／『婦人之友』昭和二〇年八・九月合併号）

食糧難はたしかに悲惨だ。しかし、台湾、朝鮮、満州といった植民地や占領地の食生活はもっと苦しかったし、日本の農村も貧しかった。

食糧難はすぐれて政治的な問題である。戦時中の食糧難は、いまなお世界中で起きている飢餓の一端を、日本の都市住民がたまたま経験した得がたい機会だったともいえる。

戦争になれば必ずまた同じことが起きる。戦争の影響で食糧がなくなるのではない。食糧がなくなることが戦争なのだ。その意味で、先の戦争下における人々の暮らしは「銃後」でも「戦時」でもなく「戦」そのものだった。だから「戦時下」ではなく「戦下」のレシピなのである。こんな状態からようやく日本が抜け出したのは一九四九（昭和二四）年ごろになってからだった。

戦後の食糧配給風景。終戦によって空襲の危険は去ったが、深刻な食糧不足は解消されず、人々は食糧を得るために戦時中と変わらぬ苦労を強いられた

あとがき

戦争の体験手記を集めた『暮しの手帖96　戦争中の暮しの記録』が出版されたのは一九六八年の夏でした。当時、小学生だった私は、この本にいたく衝撃を受け、はじめて戦争をリアルに感じたことを、いまでもときどき思い出します。

それから三十数年。今回、新たな衝撃を受けることになりました。手をつけてみてはじめてわかったことですが、個人的な体験談のようなものはあっても、戦争中の食について体系的に書かれたものは、ほとんどありません。永井荷風ら文学者の日記などを戦時生活の傍証として引いただけのケースがあまりにも多いのです。そのぶん、本書にも多少の資料的な価値があるのでは、と考えるようになりました。

このような題材は、とかく感謝や反省の材料に使われがちです。「いまの豊かな生活を感謝しましょう」「いまのぜいたくな暮らしを反省しましょう」というわけです。しかし、当時の暮らしから、耐えること、我慢することの尊さを学ぶという姿勢は違うような気がします。こんな生活が来る日も来る日も来る日も来る日も続くのは絶対に嫌だ！　そうならないために政治や国家とどう向き合うかを、私たちは考えるべきなのです。

この本は大勢の方々の協力によってできています。趣旨に賛同し、問題意識を共有してくれた方たちが、それぞれプロフェッショナルの立場で参加してくれなかったら、とてもこんな形にはなりませんでした。斎藤の名前で刊行されてはおりますが、実際には、巻頭にお名前を記した方々の創意が詰まった共同製作に近い本であるとご理解ください。数々の無理難題を快く引き受けてくださったみなさま、本当にありがとうございました。また、実物資料や写真をご提供くださった昭和館のみなさま、記事の転載を快諾くださったみなさまにも厚く御礼申し上げます。

最後になりましたが、編集の労をとってくださった岩波書店の太田順子さんに感謝します。

二〇〇二年　夏

斎藤美奈子

文庫版のための覚え書き——占領下のレシピ

『戦下のレシピ』が岩波アクティブ新書の一冊として刊行されたのは二〇〇二年。それから十余年が経過し、日本の社会はいろんな意味で変化した。リーマン・ショック後の労働環境の悪化と格差社会の進行、東日本大震災と東京電力福島第一原発の事故、日米関係を主軸にした安全保障政策の転換……。日本はどこへ行こうとしているのか、再び戦争を起こす危険性はないのか、ちょっと不安な今日この頃だ。

このたび、本書が岩波現代文庫に収録されるに当たり、後日談(?)として、敗戦後の一九四〇年代後半、すなわち占領期の食生活事情の一端を見ておくことにした。戦争はやってる間も悲惨だが、終わった後も負けず劣らず悲惨なのだ。

◆「一千万人餓死説」も出た食糧難(一九四五—四六年)

敗戦後、人々がまず直面したのは深刻な食糧難とインフレによる生活難だった。

本文にも記したように、朝鮮と台湾からの移入米がなくなったこと、天候不良による空前の凶作(前年の四〇パーセント減)、供出意欲をなくした農家の米の出し渋り(目標値の三〇パーセント)などが重なって、一九四五年の夏から次の収穫期を迎える翌四六年の秋まで、日本人の食生活は、文字通り「どん底」に突き落とされたのだ。

米の配給は一九四五年七月から一日一人二合一勺《しゃく》(三三〇グラム)に減らされていたが、特に大都市では、五日や一〇日の遅配も欠配も当たり前。配給の内容も雑穀などの代用食が主食配給量の五〇パーセントに達した。労働力、船舶、燃料の不足で水産物は激減し、工場が破壊されて、味噌、醤油、塩、酒などの食品製造もストップした。石炭の生産量が落ち込んで、物資の輸送も困難になった。さらにはここに敗戦後ゆえの事情が追い打ちをかけた。海外からの引き揚げ者(民間人)や復員者(軍人軍属)が大量に帰国し(両者の合計は六六〇万人)、国内の人口が急増したのだ。

東京都の栄養調査(一九四五年一二月)によると、配給でまかなえるのは成人一人当たりの必要カロリーの五四パーセント。人々は農村への買い出しと、ヤミ物資に頼る以外、生きる術を失った。一九四五年一〇月からは疎開児童たちが順次都会に戻ってきたが、空襲で家や家族を失った子も多く、栄養状態は最悪だった。

かくして「栄養失調」という言葉がとびかい、終戦の年の秋には「このままでは一千万人が餓死する！」という説まで流布されるにいたった。

この逼迫した状況を乗り切るために、政府が講じた策は二つ。ひとつはGHQ（連合国総司令部）などへの援助の要請、もうひとつは農家に対する供出の強化である。

一九四五年の秋になると、政府はGHQに食糧四三五万トン（穀物三〇〇万トン、砂糖一〇万トン、ココナッツ三〇万トンなど）の援助を要請するが、初期対日方針（一九四五年九月二二日に出された「降伏後ニ於ケル米国ノ初期ノ対日方針」）に「日本国民の経済上の困難は日本国の責任であり、連合国は復旧の負担を負わない」とする内容が含まれていたこともあり、米国政府はこれを拒否した。

GHQが独自の判断でフィリピンに備蓄していた小麦粉一〇〇〇トンを一時的に提供する（日本に届いたのは一九四六年一月。届いた小麦粉はコッペパンに焼かれて配給された）などの動きはあったものの、日本を視察したフーバー元米大統領らの進言で、米国政府が日本への援助に踏み切ったのは一九四六年七月からだった。

一方、供出米を確保すべく、政府は一九四六年二月に「食糧緊急措置令」を出して警察による強制供出に乗り出した。とはいえ、働き手と生産手段を失った農家だって楽ではない。供出価格を二倍に引き上げるなどの策をもってしても、ヤミに流れる米は多く、目標の六割程度の供出量を確保するのがやっとだった。

では、飢えた国民はどうだったか。

敗戦で大きく変わったことのひとつは、人々が政府にものをいうようになったことだろう。一九四五年一一月一日、東京の日比谷公園で「餓死対策国民大会」が開かれた。また、四六年五月、東京都世田谷区で開かれた「米よこせ区民大会」を皮切りに、各地で「米よこせ運動」が起こり、四六年五月一九日には宮城（皇居）前広場で開かれた「食糧メーデー」に二五万人の人々が集まった。

食糧の争奪をめぐって殺人事件が起こったり、旧軍人や軍需商人が隠匿していた食糧や生活物資が見つかって大事件に発展したり……。この時期は、政治も経済も外交も、なにもかもが食糧の確保中心に回っていたといっても過言ではない。

◆餓死を救うものは「栄養」と「臼」

敗戦で婦人雑誌も大きく変わった。勇ましい女性の姿は表紙から退場し、敵国を非難する攻撃的な文言も消えた。しかし、食卓をあずかる女性たちの戦争はまだ終わっていなかったことが、次のような悲壮な呼びかけからもうかがえる。

〈巷に満つる失調患者、迫り来る飢え、いま私ども八千万の生命が曝されているこの恐るべき危機は、何よりもまず政府によって早く積極的な手が打たれなければ到底解決できない大きな問題であり、同時にまた、家庭の食糧確保への真剣な努力が、食生活の工夫にも払われているかどうかは一応反省の必要があります〉（『主婦之友』一九四五年一二月号）

この時期（一九四五―四六年）の婦人雑誌に載った食関連記事で目立つのは、家庭菜園関係を除くと「栄養」の二文字である。「栄養主食」「栄養弁当」「栄養総菜」。といっても「いろいろな栄養をバランスよく」なんて生ぬるい内容ではない。

〈台所を預る主婦は、戦争中から今に至るまでの永い間、どうしたら子供に主人に、満足に三度の食事をさせられるかという問題に頭を悩まし、血の滲むような苦心を毎日々々繰り返してまいりました。しかし、それはただ満腹感を対象にしたものではなかったでしょうか〉〈最近餓死する者が増えたと聞きますが、それは結局何も食べるものがなくて死んだのではなく、五つの大切な栄養素のうち欠けているものがあったために病気を起し、また病気に罹ったときそれを回復する力がなくて死に至ったという間接の餓死が多いのであります〉（『主婦之友』一九四五年一一月号）

少ない食糧で生き残るには、なんとしても「栄養失調」を避けなければならない。五大栄養素（炭水化物、たんぱく質、脂肪、ビタミン、ミネラル）のひとつでも欠けたら死ぬぞ。ここでいう「栄養」とは、そんな生死がかかった「栄養」なのだ。

ことに米の備蓄がいよいよ底をついた一九四六年には「栄養主食」「栄養弁当」が料理ページの主役となった。いずれも節米料理の上を行く、主食と副菜が一体化した食事。まあ「名ばかり料理」である。具体的には……

・栄養主食の例／温かい雑炊やすいとん。野菜を細かく刻み、少量の米を加えて炊いた「野菜飯」、野菜や海藻を入れた汁に水溶き小麦粉を加えてどろりとさせた「栄養すいとん」、丸麦を煮て小麦粉を流しこんだ「オートミール」など。

・栄養弁当の例／携帯に適した団子、饅頭、餅、蒸しパンなどが主。魚と野菜を細かく刻み、ふくらし粉を入れた粉と合わせて両面を油で焼いた「魚パン」、ふかしてつぶしたいもと小麦粉にくず粉かでんぷんを混ぜ合わせて蒸した「しこしこ餅」、小麦粉と他の雑穀粉に「栄養粉」を加えた生地の両面を焼いた「栄養焼き」など（栄養粉とは、小魚の骨、かぼちゃの種、卵の殻、昆布粉などを砕いて混ぜた粉のこと）。

ここまで手のかかった（名ばかり）料理を実際に作ろうとした人が、どのくらいいたかは不明である。しかし、いかに手をかけたくなくても、食べるためには最低限やらなければならない作業があった。「粉ひき」である。

〈いよいよ何でもかんでも粉にして食べなければならぬ時代になって来た。終戦以来既に覚悟はして来たが、ここで更に思いを新たにして、開闢《かいびゃく》この方の食糧困難を突破するため、打開方策の一である粉食を徹底してやらねばならぬ〉（川島四郎『主婦之友』一九四六年三月号）という記事の見出しは「餓死を救うものは臼」。

粉食のメリットは、①小麦のふすまや芋づるなど、いままで捨てていた部位も粉にすれば食べられること、②消化がよいこと、③パン、団子、餅、麺類など、利用範囲が広いこと、の三点。米のない食生活はかくも面倒なのである。

たんぱく源はどうだったか。「未利用動物性食品の上手な調理法と貯え方」（『主婦之友』一九四六年九月号）と題された記事には、戦時中の婦人雑誌が避けてきた「食材」の活用法がついに載った。えびがに（ざりがに）、蜂の子、さなぎ（糸を取った後の蚕のさなぎ）、いなご、こおろぎ、げんごろう（水棲昆虫）、かたつむり、かえる、へび。

〈フランス料理で珍味とされているもの。食用として特に飼ったのもありますが、雨あがりによく木の葉を食《は》んでいる普通のでよろしいのです〉（かたつむり）。〈食用蛙はもちろん、がまや殿様蛙など大抵の蛙は食べられます〉（かえる）。〈縞蛇や蝮《まむし》の付焼は特に強壮剤としても有名です。食べ慣れると後を引くほどの珍味だそうですが、精分が強いですから、あまり食べすぎぬように〉（へび）

婦人雑誌にこんな情報が載る日が来るなんて誰が想像しただろう。

春はじゃがいも、夏はとうもろこし、秋には新米の収穫期が来る。それを一日千秋の思いで待ちながら、人々は飢えを乗り切ろうとしたのである。

◆輸入食糧で難を乗り切れ（一九四七―四八年）

一九四七年は、日本国憲法が施行された年である。

戦後の食糧難は米国からの援助物資で救われた、という話を聞いたことがあるだろう。有名なのはガリオア資金（米軍が日本とドイツのために支出した援助資金。提供ではなく貸与）やララ物資（民間の宗教団体や労働団体で結成されたアジア救済連盟による援助物資）だ。特に一九五二年まで続けられたララからの寄贈品は、小麦、米、バター、ジャム、缶詰、衣類など多岐に及んだ。

子どもたちの体位向上を目指し、一九四六年一二月にはガリオア資金による国民学校の給食が試験的に開始され、翌四七年一月には全国主要都市の国民学校で週に二回の給食がスタートした。主食は各自持参し、おかずだけが出る。ちなみに初日（一月二〇日）のメニューは、マカロニと缶詰の鮭をミルクで煮込んだものをお碗に一杯。この日のために、占領軍は軍用缶詰五〇〇〇トンを放出し、ララ物資やユニセフから寄せられた脱脂粉乳なども活用されたという。同年秋からは脱脂粉乳を給食用物資として輸入し、学校給食は全国に広がっていった。日本人の対米感情が好転したのは、こうした援助の影響が大きかったといわれている。

それとは別に、一九四六年七月には、長期に及んだ日本に対する経済封鎖が解かれ、四七年に入ると輸入穀類の配給がはじまった。このころから、日本の食糧事情にもいくぶん明るいきざしが見えてきたといえるだろう。

もっとも、量はなんとか確保できても、質の問題は残る。配給される輸入雑穀は、とうてい主食には向かない（家畜の餌に近い）脱脂大豆粉ととうもろこし粉。しかもこれらは粒の状態で輸入され、多くが設備の悪い国内の工場で製粉されて配給されたため、粉には皮や胚芽がまじり、苦いうえに消化も悪かったのである。

〈今後の主食の配給の見通しは、全国平均して一ヶ月のうち米約半月分、あとは小麦粉、雑穀粉、芋その他ということになるのではないかといわれます。現在配給されているとうもろこし粉、麦類、芋などを主食とすることを一時的のものと考えず、私たちの食の習慣を根本的に変えてゆかなければならなくなりました〉(澤崎梅子『婦人之友』一九四七年八月号)、〈脱脂大豆粉、とうもろこし粉などの輸入食糧も、その上手な食べ方を知らなければおいしくなかったり消化不良を起こしたりして、せっかくの進駐軍の好意を無にするわけです〉(阿久津正蔵『主婦之友』一九四七年九月号)といった記事からも、輸入穀物を使いこなすことが重要課題だったことがうかがえる。

とはいえ、脱脂大豆粉やとうもろこし粉などの慣れない素材をどうやって食べろというのだろうか。婦人雑誌も必死である。

・脱脂大豆粉の活用術／ガラでとったスープに大豆粉を練り込み、塩、こしょうで味つけする「大豆粉ポタージュ」、五―六時間水に浸した大豆粉と小麦粉を三対七の割合でこね、重曹を加えて蒸す「大豆粉の蒸しパン」、大豆粉に塩少量を加えて熱湯でこね、金網やフライパンで両面を焼く「大豆粉餅」など。
・とうもろこし粉の活用術／野菜やいも類を細かく切って煮込み、とうもろこし粉を流し入れて粘りけを出した「お練り」、熱湯でこねたとうもろこし粉を団子状に丸めて蒸し両面を焼いた「お焼き」、湯で溶いたとうもろこし粉を弁当箱などに流し、冷やし固めて薄く切って両面を油で焼く「コーンミールマッシュ」など。
「栄養主食」の延長線上にある、主食とも副食ともいいがたい料理ばかりだ。

◆お砂糖も主食の代わりです⁉

笑えない話はまだ続く。

一九四七年一二月、砂糖の特別放出許可が出て、一人三〇〇グラムずつの砂糖の配給が決まった。だが、それは「主食一日分の代替品」としての強制的な配給だった。米の代わりに砂糖が来る⁉　かくして翌四八年の婦人雑誌には、主食の代わりに配給された砂糖の活用法があれこれ載ることになった。

〈久しぶりにどこのお台所にも砂糖壺が登場したことでしょう〉〈今度配給されるのは一人一斤宛とはいいますが、これは米差引きの量ですから煮物を甘くして戴くことだけでなく、砂糖によって主食を豊かにおいしく頂く方法を考えなければならないと思います〉（澤崎梅子『婦人之友』一九四八年三月号）

ということで、紹介されるのは、砂糖をたっぷり使った、保存可能な「煮豆」や「ママレード」（以上、『婦人之友』一九四八年三月号）、小麦粉と黒砂糖の生地を使った「利休まんじゅう」、大豆でも代用可能な飴がけ菓子「落花生トフィー」、配給の干しえんどうを使った「青豆きんとん」、蜜をかけた「葛餅」に「かりん糖」、保存目的の「馬鈴薯ジャム」「味噌クリーム」など（以上、『主婦之友』一九四八年七月号）。

つけ加えると、この当時、人々はすでに「甘みの素」は手にしていた。一九四七年七月、政府は人工甘味料のズルチンの販売を許可、一〇月には東京などの都市でサッカリン、ズルチンの配給がはじまったのだ。甘みは強いがカロリーはなく、ズルチンにいたっては毒性ゆえに後に使用が禁止された食品添加物である。それでも甘みに飢えていた人々は甘味料を歓迎した。では、砂糖は何のために？

〈砂糖が配給になり、お汁粉にして食べてしまってから、「お米と差し引きでは困りますわ」などといわれたことでしょう。それは砂糖を嗜好食品と思っているからですが、砂糖こそカロリー食品の中でもっとも優れた文化的なものです〉〈砂糖三七五カロリー（ママ）は九六瓦（二五匁）、パンならば砂糖の一倍半、藷ならば三倍以上もいります。その上砂糖は胃腸内でむだなく消化吸収できますから吸収率は大したものになります〉（武者小路安彦『婦人倶楽部』一九四八年七月号）

右の記事の見出しは「お砂糖も主食です」。砂糖の価値も「栄養」だったのだ。

それでも食糧事情は徐々に好転し、一九四八年一〇月、政府は全統制品の一割に当たる一万三〇〇〇点の商品の公定価格を廃止。四六年七月には公定価格の三〇倍だったヤミ米の価格も、四八年七月には二・四倍程度まで下がり、一一月には米の配給も二合七勺（四〇〇グラム）に戻された。料理ページにも魚（いわしやさば）や肉（有効に使うために主として挽肉）を使ったメニューが登場し、配給の魚や肉の活用法が載った。

一九四八年には「栄養」の文字もぐっと減り、一二月号の各誌には、クリスマス料理レシピが載っている。パンを詰めて丸ごと焼いた鶏の丸焼き（『婦人之友』）、じゃがいもの生地を使ったクリスマスケーキ（『主婦之友』）などである。

婦人雑誌そのものも、一九四七年の春頃から徐々に充実度を増し、四八年には別冊付録がつき、カラーグラビアが雑誌の巻頭を飾るまでになった。

◆鉄兜マッシュと王冠マッシュ（一九四九―五〇年）

食糧事情がようやく安定したのは、一九四九年からだった。

同年三月に行われた朝日新聞の世論調査では、暮らし向きがよくなったと思う人は二〇パーセント、悪くなったと思う人は四三パーセントだったが、食糧事情がよくなったと答えた人は六一パーセント、都市部では七一パーセントがよくなったと答えた。

一九四八年秋の米が豊作で、国民全体の総需要量五五〇〇万石（八二五万トン）に対し、四分の三に当たる四二五〇万石（六四〇万トン）の供給が確保できたこと。不足分の二割五分は輸入食糧で安定供給できるようになり、缶詰、バター、コーヒーなどが「主食」の枠から外されたことが大きい。

一九四九年四月には野菜が、ついで肉や卵も統制から外されて自由販売となり、一〇月には魚の大半が自由販売となった。飲食店が続々と再開されたのも、家庭の食卓が急速に改善されたのもこの年からである。

「とうもろこし粉の活用術」的な記事はまだ残っていたものの、婦人雑誌も戦争前の明るさと落ち着きを取り戻し、工夫を凝らした料理を紹介するようになった。コース料理や献立が載るようになったこと、季節感を取り戻したこと、見た目（盛りつけや飾り付け）へのこだわりが戻ったこと。洋風料理のレシピが戦前以上に増えたのは、輸入食糧との格闘の結果、米食へのこだわりが薄れたせいだろうか。

季節ごとの行事食にも凝ったレシピが戻ってきた。

一九四八年七月に「国民の祝日に関する法律」が施行され、かつての端午の節句は四九年五月五日から「こどもの日」になった。この年の「子供の日のお祝《いわい》料理」（小林文子『主婦之友』一九四九年五月号）のリード（前文）は〈新しく祝日と定められた五月五日の「子供の日」には、晴れた五月の空のように、明るく、健やかに伸びよと、わが子の幸先《さいさき》を祈って、お母さまの真心こめた手料理でお祝いしてやりましょう〉。

〈大東亜時代の建設を担う坊ちゃん方のために〉仕立てられた一九四一（昭和一六）年の「端午の節句料理」（二一四―二一七ページ）とは隔世の感がある。

メニューは、クリームスープにトマトケチャップか食紅でほんのり色をつけた「曙スープ」、蒸した鯛の切り身にほうれんそうの裏ごし入りソースをかけた「鯛緑《グリーン》ソース」、マセドン（ママ）サラダ、ハムのアスピックゼリーなどの盛り合わせだが、おもしろいのは「チキン・アラ・キング」（バター焼きにした鶏肉をクリームソースで和える）と題された鶏肉料理だ。その盛りつけ方は……。

〈一寸丸みのロールにこねたマッシュポテトで、大皿の上に五寸大の円い土手を作り、その上に図㋑のようにマッシュポテトをしぼり出して飾り、土手の中に〔鶏の〕ソース和えを詰め、菱形パンを配置よく立て、更にマッシュポテトで㋺のように美しく仕上げの飾をしますが、リボンを結ぶと一そう華やかになりましょう〉

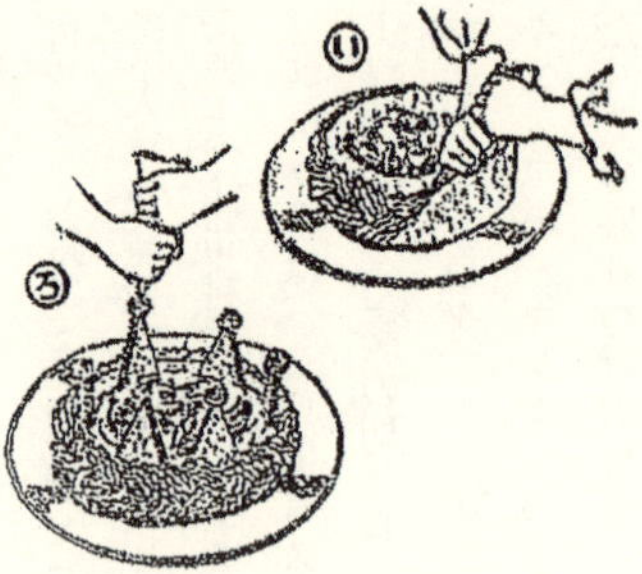

チキン・アラ・キングの盛りつけ方

マッシュポテトを粘土のように用いる趣向は一九四一年の「鉄兜マッシュ」(二五ページ)と同じである。ただし、デザインはメルヘン路線。〈子供の喜びそうな、お伽の国の王子さまの冠をかたどったポテトマッシュ〉だ(図参照)。

勇ましい鉄兜から、王子さまの王冠へと姿を変えたマッシュポテト!

形もさることながら、注意すべきはマッシュポテトが「飾り」の材料として用いられていることだろう。このようなお遊びも、いわば平和の象徴だったのである。

◆食糧難は人も文化も破壊する

戦争で破壊された食卓が完全に復活したのはいつだったのか。特定するのはむずかしいが、ひとつの例証が『主婦之友』一九五〇年五月号の大型記事だ。題して「特集　花嫁修業の手引　料理の基礎一切の独習書」。

全一六ページにおよぶ特集は、こんな言葉ではじまる。

〈学窓から間もなく新家庭に入られる花嫁修業のお嬢さん方のために、料理の一流先生方をお願いいたして、台所教室を開きました。まずその手初めに『料理の基礎一切の独習書』を御紹介いたしますが、これだけでも充分御勉強なされば、すぐその場からでも三度の食事拵えが楽しいものとなり、従って料理の腕も一だんと進歩し、おいしい御馳走は家中から大喜びされましょう〉

内容的にも、まさに至れり尽くせりだ。「おいしい御飯の炊き方」にはじまって、米飯料理だけでも「おこわ（赤飯）」「炊き込み御飯」「混ぜ御飯」「すし飯」「海苔巻き」「洋風炊き込み御飯（ピラフ）」「炒め御飯」などなど、豪華絢爛。ほかに、だしのとり方（鰹節のかき方、昆布だしのひき方、すまし汁の味加減、煮干し入り味噌汁、鶏がらスープなど）あり。洋食のソースと基礎的な洋食一品料理の作り方あり。和食における煮物・蒸し物・和え物・焼き物・揚げ物のコツあり。

この水準から考えて、一九五〇年には、食文化はほぼ戦前のレベルに戻ったとみてよいだろう。一九五〇年は朝鮮戦争で日本が特需に沸いた年。皮肉なことに、日本の復興を経済的に支えたのもまた戦争だったのだ。

とはいえ前述の記事は、戦争と食の関係をあらためて考えさせる。第一に、多彩な食材のみならず、多種多様な調理器具がなければ、このような家庭料理は実現しえないこと。第二に、戦争は技術の伝承も滞らせること。

第一章で述べた通り、戦前の女学校は調理実習に力を入れていた。が、敗戦をはさんだ約一〇年間、若い娘たちは料理を学ぶ機会を奪われていたのである。材料が不足し、女学生は軍需工場や農村へ勤労奉仕に駆り出され、都市住民は最後には家さえ失った。まともな料理の味を知らずに成長した子ども、料理の基礎を学ばずに成人した女性も少なからずいたはずだ。「花嫁修業の手引」という特集はそんなニーズに応え、ここから日本の食を組み立て直すのだという気概さえ感じさせる。

「戦下のレシピ」の時代を俯瞰して思うのは、食糧難は生命を危機にさらすだけでなく文化破壊でもある、という事実である。主食と副食の区別をなくせ、栄養だけを考えろ、なんでも粉にして食せ——これが文化破壊でなくてなんだろう。
一九五一年、サンフランシスコ講和条約に調印し、日本は独立国家として国際社会に復帰した。だがその後も、世界中で戦争は続いている。「戦下のレシピ」の中で暮らす人たちが今日も存在すること、どんな国もいつ何どき同じような状況におちいらないとも限らないことだけは忘れないでおきたい。

二〇一五年六月

斎藤美奈子

岩波現代文庫創刊二〇年に際して

二一世紀が始まってからすでに二〇年が経とうとしています。この間のグローバル化の急激な進行は世界のあり方を大きく変えました。世界規模で経済や情報の結びつきが強まるとともに、国境を越えた人の移動は日常の光景となり、今やどこに住んでいても、私たちの暮らしは世界中の様々な出来事と無関係ではいられません。しかし、グローバル化の中で否応なくもたらされる「他者」との出会いや交流は、新たな文化や価値観だけではなく、摩擦や衝突、そしてしばしば憎悪までをも生み出しています。グローバル化にともなう副作用は、その恩恵を遥かにこえていると言わざるを得ません。

今私たちに求められているのは、国内、国外にかかわらず、異なる歴史や経験、文化を持つ「他者」と向き合い、よりよい関係を結び直してゆくための想像力、構想力ではないでしょうか。

新世紀の到来を目前にした二〇〇〇年一月に創刊された岩波現代文庫は、この二〇年を通して、哲学や歴史、経済、自然科学から、小説やエッセイ、ルポルタージュにいたるまで幅広いジャンルの書目を刊行してきました。一〇〇〇点を超える書目には、人類が直面してきた様々な課題と、試行錯誤の営みが刻まれています。読書を通した過去の「他者」との出会いから得られる知識や経験は、私たちがよりよい社会を作り上げてゆくために大きな示唆を与えてくれるはずです。

一冊の本が世界を変える大きな力を持つことを信じ、岩波現代文庫はこれからもさらなるラインナップの充実をめざしてゆきます。

（二〇二〇年一月）

戦下のレシピ―太平洋戦争下の食を知る

2015年7月16日　第1刷発行
2025年5月15日　第6刷発行

著　者　斎藤美奈子《さいとうみなこ》

発行者　坂本政謙

発行所　株式会社 岩波書店
〒101-8002 東京都千代田区一ツ橋2-5-5

案内 03-5210-4000　営業部 03-5210-4111
現代文庫編集部 03-5210-4136
https://www.iwanami.co.jp/

印刷・法令印刷　カバー・精興社　製本・中永製本

ISBN 978-4-00-603291-3　　Printed in Japan

戦下のレシピ・素材別索引

魚介類

野菜・野草

たまご

豆　類

果　物

菓　子

その他

戦時食生活略年表

年(昭和)	一般事項	銃後と食生活関連事項
1936 (昭和11)	2･26 事件(2.26) 日独防共協定調印(11.25)	米穀自治管理法公布(5.28)
1937 (昭和12)	盧溝橋事件．日中戦争開戦(7.7) 宮中に大本営設置(11.20) 日本軍，南京占領．南京事件(12.13)	アルコール専売法公布(3.31) 国民精神総動員中央連盟発足(10.12)
1938 (昭和13)	国民の体力向上のため厚生省設置(1.11) 国家総動員法公布(4.1) 電力の国家管理実現(4.6) 徐州占領．日中戦争泥沼化へ(5.19) 日本軍，広東(10.21)，武漢三鎮(10.27)占領	国民精神総動員中央連盟が全国的に白米食廃止運動を広める(8-) 国策代用品普及協会設立(9.15)
1939 (昭和14)	ノモンハン事件(5.12)．日本軍惨敗(8.20) 国民徴用令公布(7.8) 米，日米通商航海条約破棄を通告(7.27) 第1回興亜奉公日(9.1，以降毎月1日) 独ソ不可侵条約調印(8.23) 独軍，ポーランド進撃，英仏と開戦．第二次世界大戦始まる(9.1)	酪農業調整法公布(3) 東京中央卸売市場で鮮魚・青果が公定値段表示売買に(4.10) 米穀配給統制法公布(4.12) 朝鮮半島･西日本の旱ばつにより物価高騰(8) 価格等統制令公布(10.18) 米の強制買上制，配給制を実施(11.6) 7分づきを強制する規則を公布(11.25) 白米禁止令施行(12.1)
1940 (昭和15)	7･7 禁令(奢侈品等製造販売制限規則)施行(7.7) 「基本国策要項」を閣議決定．大東亜新秩序を謳う(7.26) 日本軍，北部仏印「進駐」(9.23) 日独伊三国同盟調印(9.27) 大政翼賛会発会式(10.12) 紀元二千六百年記念祝賀関連行事(11.10-14)	東京市，米に外米を強制混入(3) 全国で毎月2回の「肉なしデー」始まる(4.7) 米穀強制出荷命令を発動(4.10) 東京市，外米6割混入米配給(5.3) 週1回の節米デー始まる(5.10) 東京府，食堂･料理店などで米使用を禁止，販売時間制限実施(8.1) 牛乳･乳製品配給統制規則公布．育児用を優先配布に(10.10)

		砂糖・マッチ，全国で切符制に(11.1) 家庭用，1-5割の麦混入配給(11.8) 雑穀配給統制規則公布. 豆類5品目統制へ(11.14)
1941 (昭和16)	東条陸相「戦陣訓」発表(1.8) 日ソ中立条約調印(4.13) 日米交渉始まる(4.16) 独軍，ソ連に侵入(6.22) 日本軍，南部仏印「進駐」(7.28) アメリカ，対日石油禁輸(8.1) 御前会議，「帝国国策遂行要領」決定(9.6) ゾルゲ事件(10.15) 東条英機内閣成立(10.18) 御前会議，対米英蘭戦を決定(12.1) 日本軍，真珠湾攻撃，米英両国に宣戦布告. 太平洋戦争始まる(12.8) マレー半島上陸，グアム島占領(12.10) 閣議で「大東亜戦争」と呼称決定(12.10) 独・伊，対米宣戦布告(12.11)	米屋の自由営業廃止(1.20) 生活必需物資統制令公布(4.1) 6大都市で米穀配給通帳制・外食券制を実施，1人1日あたり2合3勺(4.1) 肉屋で犬，タツノオトシゴ，オットセイの肉も販売可能に(4.8) 家庭用木炭配給通帳制実施(5.1) 東京市で毎月2回の「肉なしデー」始まる(5.8) 食用油，配給制に(6.7) 麦類配給統制規則公布(6.9) 東京市内の野菜不足，深刻化(7) 藷類配給統制規則公布(8.20) 金属類回収令(8.30) 香辛料，配給制に(9.10) 食肉配給統制規則を公布(9.20) 鶏卵，配給制に(12) 物資統制令公布施行(12.16) 農業生産統制令を公布(12.27)
1942 (昭和17)	日本軍，マニラ(1.2)，シンガポール(2.15)，ラングーン(3.8)，バターン半島(4.11)，ビルマ(5.1)と東南アジア各地を占領 東京・名古屋・神戸・川崎・四日市に初空襲(4.18) ミッドウェー海戦惨敗(6.5)	食塩，通帳配給制に(1.1) 味噌・醤油，切符配給制実施に(2.1) 食糧管理法公布(2.21) 妊産婦，幼児にパンの切符配給制実施(5.1) 農業生産奨励規則公布(6.10) 玄米食普及運動の展開実施が正式決定(11.24)
1943 (昭和18)	ガダルカナル島撤退開始(2.1) アッツ島守備隊全滅(5.29) 東京都制施行(7.1) イタリア，無条件降伏(9.8)	配給米が5分づき米に(1.7) 玄米配給が始まる(1.15) ビール，配給制に(3.1) 木炭・薪，配給制に(5.1)

	学生・生徒の徴兵猶予停止(10.2) 航空機生産最優先，食糧自給態勢確立の国内態勢強化方策を閣議決定(9.21) マキン・タラワ島守備隊全滅(11.25) 第一次学徒出陣(12.1)	米代用の馬鈴薯を配給(6) 全国でイモの大増産運動(7) 警視庁，「3割炊き増えする国策炊き」の普及に乗り出す(7) 「食糧自給態勢強化対策要綱」を閣議決定(12.28) この年，校庭農園・路傍農園本格化
1944 (昭和19)	インパール作戦開始(3.8) 連合軍，ノルマンディに上陸(6.6) 日本軍，マリアナ沖海戦惨敗(6.19) インパール作戦中止命令(7.4) サイパン島守備隊全滅(7.7) 東条内閣総辞職(7.18) 連合軍，パリ入城(8.25) テニアン(8.3)，グアム(8.10)守備隊全滅 17歳以上を兵役編入(10.18) レイテ沖海戦(10.24)，特攻隊初出陣(10.25) 東京にB29が80機初空襲(11.24)	文部省，食糧増産に学童500万人動員決定(2.25) 東京都，雑炊食堂を開設(2-) 東京都，戦時食糧増産促進本部設置(5.1) 決戦食に「菊芋」(牛の飼料)登場(5.4) 東京に国民酒場開設(5.5) 大都市学童集団疎開を決定(6.30) 砂糖の家庭用配給停止．ヤミ価格が高騰する(8.1) 東京・大阪で防空備蓄米5日分特別配給を決定(8.15)
1945 (昭和20)	最高戦争指導会議，本土決戦などを決定(1.25) 東京大空襲(3.10)死者約10万人 硫黄島守備隊全滅(3.22) 米軍，沖縄上陸(4.1) ドイツ，無条件降伏(5.8) 沖縄戦終了，守備隊全滅(6.23) 米英中，ポツダム宣言発表(7.26) 広島(8.6)，長崎(8.9)に原爆投下 ソ連軍参戦(8.8) ポツダム宣言の受諾の決定(8.14) 天皇，「戦争終結の詔書」放送．敗戦(8.15) GHQ設置(8.28) 降伏文書調印(9.2) 財閥解体農地改革などGHQによる占領政策開始(-1952)	イモ類増産対策要綱を閣議決定．「特攻魂で2倍増産目指す」(1.30) 空襲で東京の食品関連工場多数焼失(3) 主食の配給を1割減じ，1人1日あたり2合1勺に(7.11) たんぱく源としてヘビ・カエル・ネズミも食用に(7) 都下で開墾農園が売り出しに(8-) 食糧確保緊急措置閣議決定(9.18) GHQに食糧需給計画書を提出．国民1人1日あたり1551 cal(9.29) 都内各所でヤミ市が開かれる(9-) 大正・昭和期最大の凶作で食糧危機が深刻化．GHQに食糧435万t輸入を要請(10.26)

主な参考・引用文献

食文化史関係

石川寛子・江原絢子編『近現代の食文化』弘学出版，2002

遠藤元男・谷口歌子編『日本史小百科　飲食』近藤出版社，1983

大塚力『「食」の近代史』教育社歴史新書，1979

香川芳子監修『五訂食品成分表』女子栄養大学出版部，2002

小菅桂子『にっぽん台所文化史〈増補〉』雄山閣，1998

西東秋男『日本食生活史年表』楽游書房，1983

坂井健吉『さつまいも』法政大学出版局，1999

桜井芳人『ポシェット総合食品事典』同文書院，1984

高久久『魚河岸の魚』日刊食料新聞社，1975

奈須敬二，奥谷喬司，小倉通男『イカ』成山堂書店，1991

本間伸夫ほか『聞き書　新潟の食事』農山漁村文化協会，1985

渡辺善次郎ほか『聞き書　東京の食事』農山漁村文化協会，1988

林弥栄『山溪カラー名鑑　日本の野草』山と溪谷社，1983

戦争・銃後史関係ほか

石塚弘道，成田龍一『東京都の百年』山川出版社，1986

岡満男『婦人雑誌ジャーナリズム』現代ジャーナリズム出版会，1981

長田新ほか『わたしがちいさかったときに』童心社，1967

女たちの現在《いま》を問う会『銃後史ノート復刊4　女たちの12月8日』JCA出版，1982

同　『銃後史ノート復刊5　戦場化する銃後』JCA出版，1983

同　『銃後史ノート復刊6　女たちの8・15』JCA出版，1984

加藤秀俊ほか編『明治大正昭和世相史』社会思想社，1972

加藤秀俊ほか編『昭和日常生活史 1　モボ・モガから闇市まで』角川書店，1985
斎藤美奈子『モダンガール論』マガジンハウス，2000
下川耿史編『昭和・平成家庭史年表』河出書房新社，1997
同　『近代子ども史年表』河出書房新社，2002
原田勝正編著『昭和世相史』小学館，1989
山中恒『暮らしの中の太平洋戦争』岩波新書，1989
『暮しの手帖 96　戦争中の暮しの記録』暮しの手帖社，1968
『別冊中央公論 2　親が子に残す戦争の記録』中央公論社，1981
『近代日本総合年表　第 4 版』岩波書店，2001
『昭和二万日の全記録 4　日中戦争への道』講談社，1989
『昭和二万日の全記録 5　一億の「新体制」』講談社，1989
『昭和二万日の全記録 6　太平洋戦争』講談社，1990
『昭和二万日の全記録 7　廃墟からの出発』講談社，1989
『昭和二万日の全記録 8　占領下の民主主義』講談社，1989

この本に出てくる主な戦時用語

供出　一定の量の生産物などを一定の価格で国に売り渡すこと.

空襲　飛行機から機関砲，爆弾，焼夷弾などで地上を襲撃すること.

疎開　空襲の被害を避け，都市の人や物を田舎へ避難させること.

隣組　町内会の下に置かれた国民統制のための組織．10世帯前後を1単位とした.

配給　供出によって買い上げた物品を，国が国民に分配(販売)すること．現金と配給切符を渡して決められた量を購入した.

大東亜共栄圏　アジア支配を正当化するために日本が掲げたスローガン．太平洋戦争と日中戦争をまとめて大東亜戦争と呼ぶ.

太平洋戦争　第二次世界大戦のうち，東南アジアや太平洋方面で日本が米・英・オランダ・中国などの連合国軍と戦った戦争.

日中戦争　日本が中国にしかけた侵略戦争.

防空壕　空襲から逃れるために地面を掘って作った穴や構築物.

図版出典一覧

昭和館提供

口絵 p1　『主婦之友』昭和 19 年 12 月号，昭和 20 年 4，8 月号表紙
　　　　『婦人之友』昭和 19 年 3，4 月号表紙
　　　　『婦人倶楽部』昭和 19 年 6，7，10，12 月号表紙

口絵 p8-9　「戦時の食生活秘訣便覧」『婦人倶楽部』昭和 19 年 8 月号

口絵 p14-16　空き瓶を利用した精米器(米つき瓶)，アルミ鍋，釜，リュックサック，ほうろく，飯びつ，米びつ，手製のかまど，家庭用米穀通帳，育児用乳製品購入票，飲用牛乳証明書，主要食糧購入券

p63　陶製アイロン，陶製湯たんぽ

p149　5 章扉写真

p23，p59，p81，p112，p151，p158-159，p164　各写真

毎日新聞社提供

1-4 章の各扉写真(p1，p21，p61，p109)，p115，p119　各写真

その他の図版

p7　『婦女界』昭和 4 年 7 月号

p50　『平凡社大百科事典』11 巻より作成

p67　『平凡社大百科事典』5 巻，『昭和・平成家庭史年表』，『近現代の食文化』等より作成

p111　『婦人倶楽部』昭和 16 年 10 月号

p137　『婦人之友』昭和 18 年 11 月号

p142　『主婦之友』昭和 19 年 9 月号

p152　『五訂食品成分表』より作成

本書は二〇〇二年八月、岩波書店より岩波アクティブ新書として刊行された。現代文庫版刊行にあたり、本文に若干の加筆訂正をおこない、巻末「文庫版のための覚え書き」において、敗戦後(占領期)の食糧事情について付記した。